DON'T WORRY

Douglas Miller

Don't Worry

Elimina la ansiedad de tu vida

EDICIONES URANO

Argentina - Chile - Colombia - España
Estados Unidos - México - Uruguay - Venezuela

Título original: *Don't Worry*
Editor original: Pearson Education Limited, Essex
Traducción: Marta Torent López de Lamadrid

Copyright © 2007 *by* Douglas Miller
This translation of Don't Worry: How to Beat the seven Anxieties of Life
is Published by arrangement with Pearson Education Limited
All Rights Reserved
© de la traducción 2007 *by* Marta Torent López de Lamadrid
© 2007 *by* Ediciones Urano, S.A.
Aribau, 142, pral. - 08036 Barcelona
www.edicionesurano.com
www.mundourano.com

ISBN: 978-84-7953-653-4
Depósito legal: NA. 2.840 - 2007

Fotocomposición: Ediciones Urano, S.A.
Impreso por Rodesa S.A. – Polígono Industrial San Miguel
Parcelas E7-E8 – 31132 Villatuerta (Navarra)

Impreso en España - *Printed in Spain*

Índice

Prólogo

*El noventa y nueve por ciento de lo que nos preocupa nunca
ocurre, pero no dejamos de preocuparnos. ¡Qué forma tan
horrible de vivir! ¡Qué manera tan horrible de agredir al colon!*

LEO BUSCAGLIA
Autor de *Vivir, amar y aprender*

¿Funcionarán bien los trenes? ¿Estoy embarazada? ¿Qué pasará
si no me ascienden? ¿Qué haré si me pongo enfermo? *Estoy* enfermo: ¿qué me deparará el futuro? ¿Podré mantener a mi familia? ¿A cuánta gente echarán del trabajo? ¿Cuándo lloverá?
¿Cuándo dejará de llover? ¿Y si cambio de trabajo? ¿Windows,
Linux o Mac OS X? ¿Qué se llevará este verano? ¿Tengo que volver a ver a mi jefe? ¿Me estoy haciendo mayor? ¿Qué le ha pasado a mi matrimonio? ¿Qué me pasa? ¿Qué pasará si las tuberías
se obstruyen? ¿Está el coche bien aparcado aquí? ¿Y si entra un
ladrón en casa? ¿Serán felices mis hijos? ¿Cómo será el resto de
mi vida? ¿Cuánto tiempo más aguantaré trabajando con ese
idiota? ¿Será eterna esta sensación de vacío? ¿Por qué la vida es
tan difícil? ¿Por qué todo el mundo tiene más relaciones sexuales que yo? ¿Vacuna triple o simple? ¿Qué proveedor de servicios
de Internet elijo? ¿Por qué como tanto? ¿Cómo será mi nuevo

jefe? ¿Adónde voy? ¿Habrá mucho tráfico para llegar a Ikea? ¿Qué pasará cuando me jubile? ¿Cuántos coches necesito?

Bueno, si no tenías ansiedad al abrir el libro, ¡lamento haberte recordado algunas de las ansiedades que es posible que ahora «sufras»! Naturalmente, hay preguntas en la lista relacionadas con aspectos críticos de nuestras vidas: la preocupación de alimentar a la familia y el padecimiento de enfermedades graves son temas que producen una ansiedad casi incontrolable en la mayoría de nosotros, si no en todos.

Una segunda lista de preguntas podría incluir aquellas cosas que producen ansiedad en muchos de nosotros, pero afortunadamente no en todos. En ésta entrarían algunas preguntas de carácter más existencial como «¿Por qué estoy aquí?», así como el miedo de tener un jefe antipático, o de no ser competente en el trabajo o en otras actividades.

En una tercera categoría podríamos incluir aquellos temas relacionados con la vida en las sociedades de consumo (temas que los lectores de otros países del mundo aparentemente no tan «ricos» quizás encuentren graciosos, pero que crean serios problemas a quienes sufren ansiedades generadas por la sociedad de la que forman parte). Aspectos como «vestir a la última moda» y comprar el siguiente artículo «imprescindible» crean una ansiedad considerable en los adolescentes, y estas presiones para someterse a las «tendencias populares» a menudo se prolongan hasta la edad adulta.

Incluso aunque acabes de empezar el libro, tal vez te resulte útil pensar en tus propias ansiedades. Deduzco que has elegido este libro porque eres más o menos consciente de ellas, o porque en la actualidad estás ansioso, pero no sabes muy bien por qué. A lo mejor el primer párrafo te ha hecho reflexionar sobre algunos factores que quizás hasta ahora habías descartado o que, por lo menos, no te habías planteado. ¿Por qué no piensas ahora en cuáles son o podrían ser las causas de tus ansiedades actuales?

Hacia el vacío

En las democracias occidentales la ansiedad se ha convertido en uno de los aspectos críticos de nuestra época. Nuestras vidas son más fáciles, longevas y sanas, y jamás habíamos tenido tantas oportunidades ni tan diversas. Y, sin embargo, simultáneamente, hay más gente deprimida, estresada o de algún modo más aislada que nunca; tal vez creemos que la vida podría ser «mejor», pero no sabemos con seguridad por qué. En los últimos diez años se han realizado muchos estudios que, al parecer, demuestran que en otras épocas la gente estaba menos ansiosa y más contenta que ahora. Y éste es un fenómeno que por lo visto comparten el Reino Unido, Estados Unidos, la Europa Continental y países como Australia y Japón.

Estos estudios pueden y deberían ser puestos en tela de juicio. Muchos se remontan a una edad dorada de la segunda posguerra mundial, pero vale la pena recordar que, en aquella época, mucha gente experimentó una enorme sensación de optimismo de posguerra (aun con la amenaza de la Guerra Fría) y pudo, por primera vez en su vida, comprar cosas como aspiradoras, neveras y televisiones. Hoy en día, la decisión no está en comprar una aspiradora o no, sino de qué tipo comprarla. Seguro que aumenta nuestra ansiedad escuchar que en tiempos pasados la gente era más feliz que nosotros, sobre todo cuando tal vez no sea cierto.

Es más útil examinar por qué da la impresión de que muchos de nosotros nos movemos entre una actitud de melancolía nostálgica y una sensación sutil, pero notoria, de que «nos falta» algo, realzada por breves y antinaturales momentos de euforia para sobrevivir al día, semana o año siguiente. Es posible que se trate de una existencia estereotipada, pero muchos no negarán haber experimentado esta sensación en periodos significativos de sus vidas, incluso cuando a primera vista todo va bien. Francia, por ejemplo, de la que a menudo se ha dicho que es la cuna de la alta calidad de vida, tiene un número alarmantemente elevado de gente que toma antidepresivos (según algunas estadísticas, cuatro veces superior a la media europea). Si bien esto puede ser en parte debido a un excesivo afán de los médicos y psiquiatras franceses de recetar antidepresivos y tranquilizantes (y a una excesiva confianza en el viejo método freudiano de la psiquiatría del diván y el bloc de notas), el hecho es que los pacientes siguen yendo al médico para revelarle su ansiedad o infelicidad.

Un sistema de educación fuerte y una sanidad extraordinaria no producen necesariamente «felicidad»; y lo que se ha demostrado en Francia —y también en otros países con un elevado nivel sanitario—, es que existe la creencia de que se puede reducir la ansiedad y ser más feliz pasando por el quirófano y no desde el propio yo. Está claro que una excelente sanidad hace la vida más agradable, pero ¿es eso sinónimo de felicidad? Muchos dirían que «no». Es como si supiéramos que una parte de nosotros se pierde en medio de tanto confort. El cuerpo está bien alimentado, hidratado y cuidado, pero el espíritu sigue estando «hambriento». Y el «espíritu» es uno de los recursos personales más poderosos de que disponemos para combatir la ansiedad.

Antes de intentar eliminar la ansiedad por completo deberíamos recordar que una ansiedad leve puede agudizar nuestras facultades mentales. La mayoría de nosotros intuimos cuándo algo no está bien en las circunstancias que vivimos (especialmente cuando la ansiedad empieza a producir un efecto negativo en nuestro bienestar). Sin embargo, a menudo preferimos ignorar las señales.

Sobre este libro

Este libro pretende mostrar muchas de las causas clásicas de la ansiedad en el mundo moderno y enseñar algunas formas de superarlas. Me he centrado en siete causas principales (una por capítulo).

A continuación unas palabras sobre lo que no es este libro. No es un libro concebido para ayudar a aquéllos con una condición médica relacionada con la ansiedad o el estrés. No estoy cualificado para diagnosticar condiciones médicas o recomendar tratamientos (aunque, como muchos lectores, soy capaz de reconocer sin problemas muchos de los síntomas físicos, psicológicos y conductuales en un nivel superficial). Y, en particular, no es un libro dirigido a aquellos que creen que pueden estar sufriendo una depresión clínica o que tienen tendencias suicidas.

Es un libro que pone de manifiesto algunos de los desafíos a los que nos enfrentamos en el día a día y cómo podemos empezar no sólo a sobrevivir a ellos, sino también a prosperar en las culturas dominadas por la presión y la ansiedad. Estas culturas no se circunscriben únicamente a las más obvias como Estados Unidos, el Reino Unido, Australia o Europa occidental. Lugares como Bangalore en India, Shanghai en China, São Paulo en Brasil, y partes de la antigua Unión Soviética están experimentando un crecimiento económico y social tan rápido que el estilo de vida de sus ascendentes elites económicas no está tan alejado del perteneciente a las potencias económicas tradicionales. Con la explosión económica vivida en zonas significativas de India, China, Brasil y Rusia es probable que observemos un vuelco drástico en las prioridades de aquellos lugares que se están beneficiando de la nueva prosperidad y las nuevas ansiedades que estos cambios económicos generarán.

¿A que parece una locura? Justo cuando un nuevo grupo enorme de gente logra dejar atrás su pobreza milenaria, con el estrés y las ansiedades correspondientes que ello les habrá acarreado, decimos que tendrán que superar un montón de ansiedades nuevas. Sin duda, después de la tempestad no viene la calma total, pero es posible, tal como explico en este libro, que algunos (sólo algunos) de los «escollos» de las sociedades más prósperas sean ansiedades falsas nacidas de la necesidad de llenar una especie de vacío emocional que hay en nuestras vidas. Naturalmente, hay otras ansiedades muy reales.

Introducción

¿Qué es la ansiedad?

Antes de analizar las siete ansiedades, quizá sea útil decir qué es la «ansiedad» y qué relación tiene con su primo hermano el «estrés». La ansiedad es un comportamiento que se aprende a través de la experiencia y el condicionamiento, y que está asociado a nuestra percepción del futuro. El futuro puede ser el próximo minuto, la siguiente hora, día, semana, año o el resto de tu vida. La ansiedad podría definirse como la anticipación de un acontecimiento o cadena de acontecimientos que generan un abanico de emociones que van desde una ligera aprensión hasta el miedo, independientemente de que la raíz de esa aprensión o miedo sea infundada o constituya una apreciación muy realista de lo que podría ocurrir.

El estrés es una condición; una reacción adversa a las presiones actuales relacionadas con nuestras circunstancias actuales. Por lo tanto, la ansiedad puede causar estrés, pero el estrés también puede causar ansiedad. En algunas partes del libro (especialmente en el capítulo que habla del trabajo) ambos son intercambiables. La persona estresada por el trabajo es posible que sufra ansiedad debido precisamente a él y al daño que éste le causa.

Asimismo, quiero señalar que es bueno tener cierto grado de ansiedad: nos ayuda a desenvolvernos. La ansiedad ha resultado ser un valioso mecanismo que nos ha ayudado a defendernos a lo largo de la evolución. ¿Qué habría pasado si no hubiésemos reconocido el peligro delante de un tigre de afilados dientes? De modo que podemos y debemos aprender a valorar que cierto grado de ansiedad nos sirve como mecanismo de defensa vital. Pero es preciso advertir que, si bien esta respuesta de lucha o huida proporciona protección, no siempre es la mejor reacción. La aprendimos al darnos cuenta de que, en ocasiones, teníamos que luchar. Tal vez la necesitáramos para proteger y defender a nuestras familias y comunidades, o simplemente porque peligraba nuestra comida siguiente.

En lo que se refiere a nuestra preservación, en el mundo del Homo Sapiens moderno esta respuesta de huida ha evolucionado en algo menos agresivo, pero asimismo valioso. Todos necesitamos determinadas cantidades de presión. La presión nos puede ayudar a dar lo mejor de nosotros mismos (a veces muy por encima del nivel del que nos creíamos capaces). Cuando esa presión es excesiva, hasta el punto de que sufrimos una reacción adversa, entonces nos estresamos. De igual modo, la ansiedad nos permite responder de manera positiva al acontecimiento potencialmente problemático o circunstancia que se nos presente.

Así que cierto grado de ansiedad resulta beneficioso. Pero cuando esa ansiedad genera una respuesta totalmente inapropiada para la situación, o cuando nuestro propio bienestar disminuye, entonces los síntomas físicos, psicológicos y conductuales serán los mismos o similares a aquellos que aparecen cuando sufrimos estrés. Estar ansioso por el futuro puede estresarnos en el presente.

La ansiedad puede manifestarse, por ejemplo, en los adolescentes, que viviendo una etapa de gran presión debida a sus compañeros, es posible que estén «ansiosos» porque no tienen el modelo de teléfono móvil adecuado. No deja de ser curioso que en nuestra época más rebelde y de incipiente independencia, a menudo busquemos también encajar y formar parte de un grupo. Podemos juzgar de aparentemente ridícula esta causa de ansiedad adolescente; pero cabe recordar que ellos también consideran ridículas nuestras ansiedades. Recuerdo la vez que hablé de música con un primo de 14 años de un amigo mío. Cuando cuestioné sus gustos musicales (creo que le gustaba el *death metal*), me dijo: «Los adultos siempre escucháis canciones que hablan de estar enamorado, de amores perdidos o del amor que buscáis». ¡Probablemente tuviese razón!

Las causas de la ansiedad

Todos en la vida encontramos numerosos escollos a lo largo de un camino que esperamos que sea lo más liso posible, aunque, si fuese completamente llano, la vida sería un aburrimiento total. Podemos afirmar que muchos de esos escollos son la causa principal de nuestra ansiedad. Cuando le pregunto a la gente acerca de las causas de su ansiedad, casi siempre me proporcionan una extensa lista de motivos normalmente basados en sus experiencias personales.

En los siete capítulos de este libro pongo de relieve algunas de las causas fundamentales de la ansiedad, desde las que subyacen, como la búsqueda de sentido en la vida, hasta las más fácilmente reconocibles, como, por ejemplo, las que experimentamos en el trabajo. A continuación ofrezco un resumen de los siete capítulos.

Conócete a ti mismo: ¿quién soy?

Gran parte del pensamiento moderno del ámbito de la psicología popular nos pide, y con razón, que examinemos nuestros puntos fuertes y débiles para entrar en el reino del conocimiento y la comprensión de lo que somos realmente capaces de hacer con mayor profundidad. La ansiedad suele originarse cuando percibimos que no poseemos la fuerza y las capacidades psicológicas que en verdad sí tenemos. Nuestra propia percepción con frecuencia no coincide con la realidad. Este desajuste nos puede privar de identidad personal y hacernos creer que no somos capaces de enfrentarnos a la realidad.

Aunque este capítulo requiere cierto grado de autoanálisis, es esencial que éste no nos absorba tanto como para a) paralizarnos o b) que intentemos convertirnos en alguien que probablemente nunca seamos.

En este capítulo sugiero cinco sencillos ejercicios para ayudarte a entender tus puntos fuertes y tus puntos débiles. Deberíamos centrarnos en los fuertes, pero cuando estamos ansiosos, enfatizamos los débiles (sean reales o imaginarios).

El significado de la vida: ¿para qué estoy aquí?

No hace mucho estuve hablando de los planetas y el sistema solar con mi hija de seis años. Empezamos a comentar la teoría del «Big Bang» y traté, desde mis escasos conocimientos científicos, de explicarle cómo se creó el universo a partir de la explosión de un núcleo primordial. Muy fácil. Pero mientras conversábamos me surgió una pregunta existencial obvia: si la creación de cuanto conocemos es tan tremendamente científica, y la creación de la vida casi una consecuencia fortuita de ésta, ¿para qué estoy aquí? Y otra pregunta, tal vez la gran pregunta: ¿estoy aquí para algo?

La religión organizada a menudo ofrece respuestas a estas cuestiones, pero con el descenso del número de personas que creen en un dios o un ser superior, el tema ha ido más allá de las suposiciones de las comunas hippies de la década de 1960 y se ha convertido en fuente consciente de ansiedad para muchas personas. Muchos de nosotros necesitamos saber que nuestra vida tiene un sentido y, si no lo encontramos, sufrimos ansiedad. En este capítulo propongo diez formas de descubrir un significado en un montón de situaciones.

Consumo: ¿por qué necesito tantas cosas?

El psicólogo Abraham Maslow declaró que había que cubrir las necesidades de comida, agua y cobijo antes de pensar en pasar al siguiente grupo de necesidades, como la necesidad de amar y ser amado, la autoestima, el estatus y la autorrealización. Aunque esta «Jerarquía de necesidades» contiene grandes lagunas, la idea de que tenemos necesidades más allá de las puramente básicas es muy acertada. Sin embargo, en las sociedades posindustriales las necesidades no básicas a menudo se unen al deseo de consumir para demostrar nuestra competencia en esas áreas. Quien tenga una vida emocional vacía puede, por ejemplo, lograr el estatus, o eso cree, comprándose un gran coche o una gran casa. La autorrealización quizá pase por la expectativa de amasar una fortuna antes que por la proyección de un objetivo significativo.

Nos autoconvencemos de que la satisfacción de esas necesidades mediante las cosas materiales y el consumo sólo es posible aspirando a tener más. El vacío emocional permanece porque no se cubre, salvo a muy corto plazo y con «cosas». ¿Cómo podemos aprender a cuestionarnos y a poner en tela de juicio nuestra necesidad de consumo? ¿Cómo podemos eliminar la ansiedad por no tener suficientes «cosas»?

Relaciones: ¿cómo fortalecerlas?

En este capítulo comparo las relaciones fuertes con un árbol robusto: algo que crece con el paso del tiempo, que está sometido a los caprichos del clima y las estaciones (las relaciones nunca son fáciles), que poliniza con frecuencia (las buenas relaciones se basan en la simbiosis) y a menudo da frutos y/o germina (los niños en el caso de los matrimonios y el amor). Pero las buenas relaciones se fundamentan en un montón de habilidades emocionales aprendidas que las crean y fortalecen.

Trabajo: ¿por qué se ha convertido en mi vida?

Cuando imparto talleres sobre el estrés y la ansiedad, es sorprendente la cantidad de alumnos que dividen sus causas en «trabajo» y «no trabajo» (tanto influye el trabajo en nuestras vidas). Un estudio reciente sobre los principales «elementos de presión» del trabajo demostró que los diez factores siguientes son los desencadenantes más comunes del estrés y la ansiedad:

1. Interrupciones constantes
2. Falta de tiempo
3. Deficiente comunicación interna
4. Falta de apoyo
5. Dirección defectuosa
6. Excesivas reuniones internas
7. Burocracia
8. Aceptación de cambios
9. Protección de información
10. Invasión de e-mails

La anticipación de muchos de estos factores (por ejemplo, la falta de tiempo y la aceptación de cambios intuidos, sean reales o imaginarios) nos produce ansiedad en el trabajo. Algunas veces incluso nada más pensar que tenemos que ir a trabajar, como veremos en varios estudios realizados en éste y otros capítulos, sentimos aprensión. Como sabemos a partir de distintos casos judiciales de alto perfil, los efectos físicos y psicológicos pueden ser tremendos. Los temas que investigaremos en este capítulo hacen referencia a unas prácticas laborales inteligentes que nos ayudarán a desenvolvernos en un entorno posiblemente hostil.

Tiempo: ¿adónde ha ido?

Tal vez ésta sea la más prominente de las «falsas» ansiedades. Resulta irónico que tengamos tanta prisa en el momento de mayor longevidad histórica y cuando se calcula que la generación actual vivirá más de 100 años. Vivimos a un ritmo que nos es ajeno, a una velocidad incómoda, y hemos interiorizado unas ansiedades que otros nos han transmitido. Casi todo esto es innecesario; de hecho, la necesidad de controlar el tiempo es un fenómeno relativamente moderno.

El futuro: ¿qué nos deparará?

Creo que lo que la mayoría de nosotros buscamos en la vida es la felicidad, aunque a menudo confundimos o nos equivocamos respecto a qué es lo que nos puede proporcionar esa felicidad. Esas confusiones, tal como veremos en otro lugar del libro, suelen ser motivo de ansiedad (por ejemplo, la necesidad de un consumo excesivo). En el mundo occidental se está percibiendo una disminución de la felicidad, y los gobiernos intentan desempeñar un papel más importante en nuestra dicha futura. Pero lo cierto es que no podemos confiar en que los Gobiernos hagan nuestro trabajo; si lo consiguen, es posible que tarden 50 años. ¿Qué puedo hacer yo para ser más feliz en el futuro?

Viaja por las siete «c»

Mientras lees este libro, te ayudará tener en mente lo que considero son los siete puntos fuertes de la persona capaz de manejar la ansiedad. De hecho, a lo largo del libro me referiré con regularidad a estos puntos esenciales y te los recordaré. Es posible que te parezca que careces de ellos, pero en realidad todos los tenemos, porque forman parte del tejido que nos define como seres humanos y como la especie más inteligente que jamás haya conocido nuestro pequeño planeta. La clave está en aprender a recurrir a ellos cuando lo necesitemos.

1. ELECCIÓN (en inglés «choice»)

Si hay una libertad que nadie puede negarnos es la de poder elegir siempre, con independencia de la situación, la actitud que adoptamos ante esa situación o nuestras circunstancias. Podemos elegir una actitud positiva, si así lo deseamos. En el contexto de este libro esa elección se presenta bajo dos formas.

La primera consiste en usar la ansiedad para pensar de forma positiva. Si somos capaces de reflexionar sobre lo que nos provoca ansiedad, tendremos la posibilidad de elegir varios caminos. El primero es aquel en que, frente a la causa de ansiedad percibida, escogemos reaccionar de una manera positiva y tomando la iniciativa; lo que constituye la mejor forma de utilizar nuestra ansiedad para fines positivos. También podemos elegir el segundo camino, consistente en «ocultar» el problema y esperar que desaparezca (cosa que normalmente no sucede), o el tercero, en el cual somos incapaces de ejercer un control mínimo y la ansiedad aumenta.

En la segunda forma nos encontramos en una situación desafiante, pero nos cuesta vislumbrar una salida. Más adelante veremos ejemplos magníficos de personas que eligieron adoptar una actitud positiva y sobrevivieron a las circunstancias.

2. CONTROL

Hay un cliché que dice así: «No te preocupes por aquello que no puedes controlar». Esto, que suele ser difícil de aplicar, es totalmente cierto. Al combatir la ansiedad, el reto está en detectar lo que podemos controlar, actuar en conformidad con ello e ignorar lo que escapa a nuestro control.

Cuando las cosas se tuercen solemos ponernos a pensar en por qué no han salido como habíamos planeado, y nos encalla-

mos. Lo cual es bueno. Nos puede ayudar a identificar lo que tenemos que mejorar para que la próxima vez todo salga bien. Sin
embargo, puede asfixiarnos, si elegimos reflexionar sobre circunstancias que están fuera de nuestro control. Nos podemos
pasar la vida preguntándonos «¿por qué?» sin acercarnos a una
respuesta. Y entretanto, no habremos avanzado nada.

Quien más quien menos conoce a algún «obseso del control», que pretende planificar con meticulosidad todos y cada
uno de los aspectos de su vida (¡y a veces también de la nuestra!).
Son personas que, naturalmente, tienen más miedo que nosotros
a la pérdida de control, por eso actúan así. Pero, en realidad, intentar controlar cosas que escapan a nuestro control o que el esfuerzo por controlarlas llegue a dañar nuestra salud física o mental, no contribuye al equilibrio necesario entre control y libertad.

3. CAPACIDAD

La única parte del mundo que tenemos la seguridad de poder
mejorar es nuestro propio mundo. Sin embargo, subestimamos
enormemente aquello que somos capaces de hacer, y esta manera de actuar puede conllevar una radical pérdida de confianza,
autoestima y un sinfín de habilidades sociales. A medida que nos
hacemos mayores, tendemos a reflexionar sobre nuestras vidas, y
nos preguntamos si lo que hicimos o, más importante aún, lo
que decidimos no hacer fue un verdadero reflejo de nuestra propia capacidad. Puede resultar desolador, y motivo de una ansiedad sutil y progresiva, darse cuenta de que la vida que vivimos
no es un reflejo de los mejores fragmentos de nuestro yo.

Todos tenemos la habilidad de trabajar nuestras ansiedades
con resultados positivos. Pero, es más significativo que tenemos
la capacidad de sobrevivir a las situaciones más duras y desafian-

tes, como demostrarán algunos de los casos e historias del libro. Si ahora mismo estás muy ansioso, es posible que tengas la sensación de que delante de ti no hay más que una ventana opaca; pero siempre hay un rayo de luz intentando atravesarla.

A veces necesitamos que nos ayuden a abrir la ventana para dejar que entre más luz, pero el primer paso empieza por la voluntad de creer que las cosas pueden mejorar y de que lo harán gracias a nuestra fuerza psicológica personal. Todos los lectores de este libro gozan de esa capacidad.

4. COLABORACIÓN

En los momentos difíciles no tengas miedo de compartir tus vulnerabilidades con aquellos que puedan ayudarte. Y estáte preparado para que otros compartan también las suyas contigo. Confesando nuestra ansiedad a los demás, a veces podemos tener la sensación de dar una imagen de debilidad. Tememos «quedar mal». Solía creerse que reprimir los propios sentimientos o no compartirlos era, en cierto modo, un rasgo admirable de la personalidad (una demostración de fortaleza psicológica). Pero, en realidad, ocultar la ansiedad, o incluso el estrés, no es ningún indicio de fuerza.

La colaboración consiste en no tener miedo de pedir ayuda a los demás (sean personas de nuestro círculo íntimo o que posean las habilidades profesionales adecuadas). Pero también hay que reconocer que hay que mantener cierto equilibrio al respecto. Compartir un problema es beneficioso, pero no hay nada más frustrante que la persona que constantemente habla de sus ansiedades y que da la impresión de que nunca hace nada por ayudarse a sí misma. Hablar sólo es la mitad de la ecuación. La otra es actuar, y la acción sólo puede salir de uno mismo.

5. CONFIANZA

Reconoce los logros que has conseguido hasta el momento por lo que son. Pero reconoce también que los fracasos han sido un requisito necesario para esos logros. No te castigues por lo que salió mal; felicítate por lo que has conseguido.

Subestimar nuestra capacidad es una forma de limitar la confianza en nosotros mismos, pero hay muchas otras. Dar demasiadas vueltas a los fracasos que hemos tenido, haber recibido golpes bajos en la escuela y rodearse de gente temeraria también contribuye a ello.

La confianza puede expresarse de muchas maneras. Tal vez no seas muy extravertido, pero eso no significa que carezcas de lo necesario para triunfar en lo que te propongas.

6. COMUNIDAD

Cuando estamos ansiosos, tenemos tendencia a renunciar a aquellas cosas que precisamente pueden proporcionarnos una vía de escape hacia un futuro más equilibrado y satisfactorio. Alimentarnos con nuestros pensamientos y estimulaciones puede cegarnos a la belleza del mundo real (cosas que pueden darnos una perspectiva esencial cuando vivimos momentos personales difíciles). Es importante crear una red «comunitaria» en nuestras vidas, porque nos aleja de un excesivo egocentrismo y nos dirige hacia cosas que están más allá del «yo».

Esto nos permite retomar el contacto con la vida, la naturaleza, los amigos, las actividades y las aficiones; elementos que «oxigenan» nuestras vidas. La «oxigenación» es beneficiosa, ya que aumenta el nivel de estimulación vital, lo cual es esencial a la hora de tratar las ansiedades originadas por una falta de enriquecimiento personal. Ser capaz de desviar la atención de nuestro propio yo y usarla de una forma positiva para combatir la ansiedad existente es un contrapeso importante para un autoanálisis paralizante.

7. CONTRIBUCIÓN

Quienes vivieron la Segunda Guerra Mundial a menudo comentan que la capacidad para ver una correlación directa entre lo que hicieron y el resultado de ello, les produjo satisfacción, y les dio la poderosa sensación de haber realizado una valiosa contribución. Quizás en la actualidad tengamos que esforzarnos un poco más para detectar los efectos de nuestra impronta, y para encontrar una vocación que nos proporcione una sensación de valía y satisfacción.

Tener una vida satisfactoria es esencial, porque elimina esas ansiedades superfluas que, de lo contrario, llenarían el vacío. Si uno no está satisfecho con su empleo (y en este ámbito no hay que subestimar la contribución que realizamos), debe buscar la satisfacción en otra parte; en cosas que haga fuera del trabajo.

Creer que nuestra contribución vale poco y percibir que nos falta estatus, puede desencadenar una ansiedad duradera y dañar nuestra autoestima. Pero en tales circunstancias es útil evaluar y pararse a pensar en la cantidad de gente que confía en nosotros y en lo que hacemos. Recuerda esto: todos somos valiosos.

Por lo tanto, el viaje de este libro empieza contigo y tu mundo. Es un viaje que no acaba hasta que el libro termina, pero que demuestra que, con unos cuantos pasos prácticos, podemos aprender tanto a combatir la ansiedad como a superarnos, cuando así nos convenga. Las siete «c» ofrecen actitudes mentales cruciales que nos ayudarán a lo largo del camino.

1

CONÓCETE A TI MISMO:

¿Quién soy?

He llegado a la conclusión de que la única forma de conocernos
a nosotros mismos es a través de una meticulosa observación;
a menos que captemos nuestras propias reacciones justo cuando
ocurren, es muy probable que sigamos ignorando cómo operamos
en realidad. Se trata de un tipo de autoobservación especial
en que la conciencia nos sorprende en el momento
de la acción o justo después.

CHRIS CARLING,
Experta en comunicación, mediadora e instructora

Primera parte: Cinco ejercicios para ayudarte a conocerte a ti mismo

Solemos comportarnos de acuerdo con lo que creemos que somos (incluso aunque eso no sea un reflejo de nuestro verdadero yo). Si, por ejemplo, crees que no eres creativo, probablemente elijas una carrera que no enfatice la creatividad, aunque es algo que puede existir en cualquier profesión. Algunos consideran que son tímidos introvertidos y no se percatan de que es su miedo al «fracaso» en situaciones sociales lo que paraliza la parte social y más extravertida que hay en ellos. Por eso el alcohol se utiliza como lubricante social; porque elimina superficialmente el temor de «mostrarnos ante los demás» o de «decir algo inapropiado». Creer que no se nos da bien hablar en público puede llevarnos a crear las mismas circunstancias que tememos, mientras que si entendemos que somos capaces de hacerlo bien y usamos la ansiedad con fines positivos, tal vez nos sorprendamos.

Empezaremos con una serie de ejercicios que nos ayudarán en el viaje hacia el propio conocimiento y a hacernos una imagen más precisa de lo que significa conocerse a uno mismo. Pero, por muy útiles que éstos sean, sólo servirán para ayudarnos a comprender nuestras propias ansiedades y respuestas emocionales. El paso siguiente, que exploraremos más adelante, es usar esas respuestas emocionales naturales de una forma positiva.

Ejercicio 1: Los cuatro cuadrantes

Es un ejercicio que los profesionales utilizan regularmente para ayudarnos a entender cómo se manifiesta en nosotros la ansiedad. Las reacciones diferirán sutilmente en cada uno de nosotros, porque del mismo modo que una cuerda se rompe por su punto más débil, la ansiedad, si decidimos ignorarla, atacará nuestros puntos más vulnerables.

EJERCICIO

El ejercicio (véanse páginas 32-33) consta de cuatro cuadrantes que cubren los síntomas de la ansiedad en cuatro áreas principales: la física, la psicológica, la conductual y la emocional. Tu tarea consiste en marcar los síntomas con los que te sientas identificado. No marques demasiados; especialmente en el cuadrante «físico» (la mayoría de nosotros tiene un par de síntomas físicos sobresalientes). Tal vez te resulte útil recordar una situación reciente que te haya producido ansiedad y pensar en cómo te ha afectado en cada una de las cuatro áreas.

La lista de síntomas es tan extensa que no tardaremos en darnos cuenta de que hemos sufrido algunos de ellos, o de que en la actualidad los estamos sufriendo. Lo valioso de este rápido ejercicio es que te ayuda a ahondar un poco más en los indicios de «ansiedad» (y también de estrés) que tu mente y tu cuerpo envían, una especie de «sistema de alerta temprana». Cuando reconozcas esas señales podrás, igual que hacen muchas personas, elegir ignorarlas y limitarte a seguir adelante prescindiendo de ellas. A veces esto funciona porque las causas de la ansiedad desaparecen. Sin embargo, otras veces no desaparecen simplemente porque decidamos ignorarlas y, en consecuencia, las cosas empeoran.

En ocasiones los síntomas crecen en nosotros de una forma más sutil. Sea como fuere, es el momento adecuado para utilizar la primera de las valiosas siete «c» (la *choice*/ELECCIÓN) y reaccionar de una manera positiva en cuanto se disparen las señales de alarma.

Yo mismo sé que el estómago es la parte más débil de mi cuerpo, y que cuando tengo problemas de estómago (a menos que haya comido algo que me ha sentado mal) necesito buscar la causa. Tú tendrás tus propias señales: dolores de cabeza, respiración entrecortada mientras piensas en algo concreto, etcétera. Aprende a reconocer las señales para poder influir en ellas.

Síntomas físicos

- Corazón/pecho: aceleración, palpitaciones, disminución de latidos, aumento de presión sanguínea, respiración irregular
- Cabeza: dolores de cabeza/migrañas, sofocos/sonrojo, pérdida del cabello, vértigo/mareo
- Piel: erupciones, hinchazón, sudor
- Espalda: molestias, dolores
- Estómago: dolor, visitas constantes al lavabo, comer mucho o poco
- Condiciones físicas generales: fatiga muscular, «hormigueo», tendencia a acatarrarse, recuperación lenta de enfermedades menores como constipados, estómago revuelto, cansancio

Síntomas emocionales

- Sensibilidad extrema
- Llanto fácil
- Emociones inapropiadas para la situación
- Aprensión
- Depresión
- Ataques de pánico
- Cambios de humor
- Melancolía/tristeza
- Nerviosismo/inquietud

Síntomas psicológicos
- Miedo al futuro; creer que pasará lo peor
- Miedo de tener miedo; lo cual aumenta aún más el miedo
- Pensamientos «constantes»
- Esquivar situaciones desafiantes
- Falta de motivación o autovaloración
- Baja autoestima/confianza en uno mismo
- Dificultades para concentrarse por estar preocupado por algo
- Problemas para dormir
- Pérdidas de memoria
- Sensación de pérdida del control
- Indiferencia
- Complejo de inferioridad

Síntomas conductuales
- Irritabilidad
- Discutidor
- Pasivo/agresivo
- Beber o fumar más
- Acciones compulsivas
- Agresión física o verbal
- Hablar de manera inusual; deprisa, despacio, mascullar, etcétera
- Evitar situaciones desafiantes

Ahora unas palabras de advertencia. Es posible que al identifi-carlos, algunos de los síntomas se agudicen sencillamente porque les prestamos atención como posibles focos de preocupación. Un sín-toma físico como unas cuantas palpitaciones carentes de importan-cia pueden inquietarnos mucho si ya estamos un poco nerviosos. Es posible que entonces las palpitaciones aumenten un poco más de-bido a nuestra creciente ansiedad y concluyamos que tenemos un problema de corazón cuando, en realidad, no son más que unas simples palpitaciones. En otras situaciones nuestro comportamien-to puede contagiarse a los demás. Por ejemplo, «estoy irritable por algo en concreto que me produce ansiedad y mi cónyuge reproduce mi comportamiento, lo cual a su vez intensifica mi irritabilidad».

No hay nada mejor que nos digan que estamos ansiosos o que nos demos cuenta de ello nosotros mismos para que nuestra ansiedad aumente. De modo que es importante que mantengas cierto equilibrio a la hora de valorar tus propios síntomas o los de los demás. Todos sufrimos ansiedades, muchas de ellas leves, y pecaríamos de ingenuos si pretendiéramos eliminarlas para siem-pre. Sin embargo, es útil escucharse a uno mismo, y si empeza-mos a detectar grupos de síntomas o la persistencia de uno en particular, deberíamos tomar nota de esas señales y reflexionar sobre sus posibles causas, algunas de las cuales quizá sean total-mente obvias; entonces podremos pensar en soluciones positivas y activas, y en estrategias paliativas.

———

Los síntomas físicos de la ansiedad son los más fáciles de detectar. Pero es posible que tardemos más en detectar las señales de los que son más sutiles, como el de estar cohibido o el de la falta de con-fianza en uno mismo. A modo de advertencia de los peligros que entraña ignorar un sentimiento creciente de ansiedad, concluiremos este ejercicio con la historia de Alan. Recuerda que lo que hay que buscar son grupos de indicios o patrones de cambio en nosotros mismos que nos avisen de que algo no anda bien. Dormir mal un par de noches no tiene por qué producirnos ansiedad y, como ya he dicho anteriormente, si empezamos a preocuparnos por eso tal vez no hagamos más que agravar la situación. Sin embargo, si siempre hemos dormido bien, dormir mal durante un mes es un indicio de que debes dirigirte a la posible raíz del problema. Se trata de recuperar el control, no de sentir pánico. Que la preocupación no te paralice; pero tampoco dejes que un pequeño problema se agrave quitándole importancia o ignorándolo.

La historia de Alan tiene un final feliz porque al cabo reconoció las señales. Asegúrate de no hacer caso omiso de las tuyas; pero no entres en un estado de paranoia por algo relativamente poco importante que, con unos sencillos pasos, puedes superar.

C A S O

La historia de Alan: *Un caso de no prestar atención a los síntomas*
Trabajo para el gobierno local. La gente tal vez piense que no es un trabajo estresante, pero contiene muchas de las exigencias habituales. Constantes fechas de entrega que cumplir, alguien que deja el empleo pero cuyo trabajo tiene que seguir haciéndose, reajuste de prioridades, demasiados encargos y demasiado poco tiempo para llevarlos a cabo... Todo esto forma parte de mis jornadas laborales. La comunicación se tensa, luego se rompe, y de pronto te das cuenta de que se posponen reuniones importantes con compañeros de trabajo y jefes de sección.

Naturalmente, nunca protesté ni dije nada. No pensé en los efectos que el trabajo estaba teniendo sobre mí, y a mis compañeros tampoco les sor-

prendió demasiado que fuese murmurando en voz baja cosas que me hubiese gustado exteriorizar o que hubiese tenido que expresar.

No le di importancia a lo mal que dormía. Me decía a mí mismo que todo el mundo pasa por esto a veces. Pero esa pauta de sueño no acababa de corregirse. No le hablé a nadie de mis problemas; las parejas y los padres tienen sus propios problemas y no quería molestarlos. Para entonces mi ansiedad había aumentado. Empecé a tener la boca seca y a estar confuso, pero lo achaqué a la humedad de la oficina.

Después vi que no podía concentrarme en una cosa durante largos periodos de tiempo, pero lo que de verdad me preocupaba era mi memoria. No soy tan mayor, aún no he cumplido los cincuenta, pero me estaba volviendo olvidadizo. Recuerdo que una vez estaba subiendo unas escaleras y a mitad de camino olvidé por qué lo hacía. Sé que es algo que nos pasa a todos de vez en cuando, pero al final recuperamos la concentración y recordamos lo que estamos haciendo. Sin embargo, yo no tenía la cabeza lo suficientemente clara para ello. A estas alturas ya había establecido una relación directa entre mi trabajo y mi bienestar. Ir a trabajar me producía mucha ansiedad.

Por fin, fui al médico. Había estado mucho tiempo ignorando las señales y sentí un gran alivio cuando me dijeron que lo que tenía era estrés laboral. Llevaba muchos años en el mismo empleo (trabajando 7,3 horas cada día) y me pareció extraño empezar de repente a notar sus efectos. Pero resultó que ése era precisamente el problema: que siempre hacía lo mismo.

En la actualidad estoy asistiendo a un curso para volverme más abierto fuera de la organización para la que trabajo y me he propuesto ampliar mi círculo social. En mi lugar de trabajo me he involucrado en un gran proyecto que me motiva más y he dinamizado mis funciones. Ahora veo más allá y eso me da seguridad. Aunque podría haber hecho mucho más, y haber empezado mucho antes. Una vez estuve dos años en el paro y lo superé, así que esto también lo superaré.

Ejercicio 2: «Planetas calientes»

Este ejercicio es especialmente útil para ayudarnos a entender mejor nuestras relaciones con el prójimo (tema en el que ahondaremos en los capítulos siguientes). Todos tenemos «botones» en la cabeza que, cuando los apretamos, provocan en nosotros determinados tipos de reacciones emocionales.

E J E R C I C I O

En la página siguiente encontrarás un diagrama con dos cabezas (una llena y la otra vacía). Cada cabeza contiene un «sol» caliente que simboliza nuestro ego. Rodeando el «sol» aparecen diversos planetas (en la cabeza llena hay tres: el «trabajo», la «religión» y el «deporte»). Cuanto más cerca está un planeta del sol, más aumenta su temperatura. En otras palabras, cuanto más se aproxima un planeta simbólico a nuestro ego, más probabilidades tenemos de que nos provoque emociones.

En el ejemplo podemos ver que el «trabajo» es un gran planeta y que está cerca de nuestro sol (ego). Su proximidad indica la importancia que concedemos al trabajo. Su tamaño indica que asimismo tenemos bastantes conocimientos y experiencia en nuestra área profesional.

El segundo planeta, la «religión», es relativamente pequeño, pero sigue estando bastante cerca de nuestro sol. Dicho de otro modo, tal vez no sepamos gran cosa sobre, digamos, el cristianismo o el islam, pero la religión es un tema que puede exasperarnos.

El tercer planeta, el «deporte», es algo sobre lo que, a juzgar por su tamaño mediano, sabemos bastante, pero que no nos apasiona demasiado. Quizá nos guste ver un partido de fútbol en

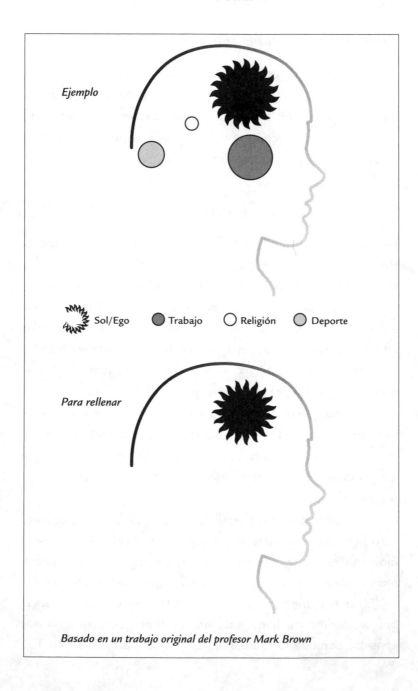

Ejemplo

Sol/Ego   Trabajo   Religión   Deporte

Para rellenar

Basado en un trabajo original del profesor Mark Brown

nuestro tiempo libre, pero no somos seguidores de un equipo concreto. Por lo tanto, está un poco más alejado de nuestro sol que los otros dos planetas.

Haz el ejercicio tú mismo, rellenando la cabeza vacía y añadiendo los planetas que reflejen tu propio mundo (sean muchos o pocos). La elección de los planetas es enteramente tuya: el trabajo, la religión y el deporte tal vez ni siquiera entren en tu radar personal, pero procura ser honrado. De nada sirve declararse experto en una cosa si no es cierto. Mucha gente cree que, por ejemplo, sabe mucho de política cuando, en realidad, sólo domina su propio punto de vista político.

Las relaciones humanas pueden crear mucha ansiedad. Si, por ejemplo, tenemos una relación tensa con un compañero de trabajo, pensar en una futura reunión con esa persona o cualquier encargo que ésta nos haga nos producirá ansiedad. Entender algunos de nuestros «planetas calientes» así como los de los demás puede ayudar a las relaciones interpersonales. También podemos aplicar este ejercicio concretamente a los temas vinculados al trabajo. Por ejemplo, si como aparece en el gráfico de la página 38, tienes un gran «planeta caliente» llamado «trabajo» y te relacionas regularmente con alguien de tu empresa cuyo planeta sea tan grande como el tuyo (es decir, que como tú tiene muchos conocimientos y experiencia en su campo), pero para quien el trabajo no sea ni mucho menos una parte esencial de su vida, tal vez te resulte frustrante tratar con esa persona, y la idea de tener que pedirle algo en el trabajo te produzca ansiedad porque prevés la dificultad del asunto.

Lo cual nos conduce a otra de las siete «c»: la COLABORACIÓN. Necesitamos establecer relaciones con gente con la que probablemente no nos iríamos a tomar una copa, sobre todo en el trabajo, y hay que hacerlo desde la colaboración y no desde el conflicto. Entender cómo ve el mundo otra persona (entender sus «planetas calientes») es un importante primer paso hacia el desarrollo de una relación con ésta.

En general, los planetas más alejados de nuestro sol (o ego) nos provocan menos emociones y son, por tanto, menos proclives a crearnos ansiedad.

En el capítulo acerca de las relaciones completaremos este ejercicio intentando armonizar con aquellas personas cuyos «planetas calientes» son muy diferentes a los nuestros y también, claro está, con aquellas cuyos «planetas» son muy similares a los nuestros.

Ejercicio 3: Necesidades, deseos, imperativos, objetivos

El siglo XXI acaba de empezar y cada vez vemos más desatinos. En las culturas obsesionadas por la fama impera la creencia, sobre todo entre los jóvenes, de que ser el principal protagonista de la prensa rosa es una ambición lógica, sin tener en cuenta que hay millones de alternativas más aptas para ellos. Elegir ese camino porque uno cree de verdad que posee las aptitudes necesarias es una cosa; pero otra cosa es intentar ser lo que uno no es.

EJERCICIO

Puedes hacer este ejercicio tú solo o con un amigo o amiga. Dibuja dos líneas que se crucen por la mitad como aparece en el gráfico siguiente.

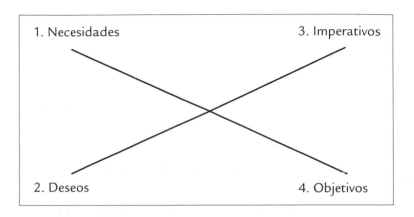

Tu amigo y tú tenéis que analizar tu persona y tu vida, y luego los dos deberéis escribir una lista de cosas para cada uno de los cuatro puntos de la X con ayuda de las siguientes preguntas. Pídele a tu amigo que sea honrado, pero no intercambies información con él mientras dure el ejercicio.

1. ¿Qué *necesitas* que te dé la vida?
2. ¿Qué *deseas* de la vida?
3. ¿Qué *debes* obtener de la vida?
4. ¿Qué *objetivos* tienes en la vida?

Cuando hayáis terminado, compara tus resultados con los de tu amigo y observa las diferencias. Si haces el ejercicio solo, piensa en si las respuestas que has dado se corresponden *realmente* contigo. A menudo ocultamos al mundo nuestro «verdadero yo» porque creemos que a los demás les impresionará más la persona que intentamos ser. O buscamos su aceptación, o incluso su admiración, y por eso perseguimos cosas que no encajan ni con nuestra personalidad ni con lo que deberían ser nuestras prioridades. Además, si contemplamos algunos de los rasgos de nuestra personalidad como debilidades, es posible que prefiramos ocultarle al mundo la realidad.

Lo que habría que preguntarse es: «¿Me gusto como soy?». O: «¿Me importa más lo que opinen los demás?». Es decir, ¿elegiste estudiar determinada carrera para impresionar a *alguien*? ¿Te gastas un dineral en las tiendas para que otros alaben tu poder adquisitivo y tus gustos a la hora de comprar?

La divergencia entre tu personalidad y tus prioridades crea un sendero que tal vez otra persona recorra por ti. Cuando tu personalidad y tus prioridades casan, el camino lo diseñas tú y lo eliges tú. Echa de nuevo un vistazo a tu lista y reconsidera primero tus necesidades. Deberían ser cosas sencillas que, si te las quitaran, empeorarían considerablemente tu vida. Para empezar observa la casa donde vives en la actualidad y pregúntate qué cosas hay en ella que cubran tus «necesidades» (me refiero al aspecto físico). El paso siguiente es que te preguntes a ti mismo cuáles son tus necesidades emocionales y psicológicas; por ejemplo, ¿qué esperas de tus relaciones o de tu carrera, o de tu tiempo libre?

El problema radica en que con frecuencia confundimos las «necesidades» con los «deseos». De hecho, los «deseos» suelen ser superfluos para nosotros, personas felices y carentes de ansiedad. Pero nos autoconvencemos de que debemos tener esas cosas para mantener esa felicidad. Sin ir más lejos, quizás algunos consideren el «deseo» de ser famoso como una «necesidad». El anhelo de estas cosas nos produce ansiedad cuando no encajan con el tipo de persona que somos y seremos. Es importante lograr este equilibrio entre los «deseos» y nuestras «necesidades» vitales. La persecución agresiva de «deseos» erróneos nos conduce a una vida llena de vacíos y, en consecuencia, a un aumento de la ansiedad.

De forma paralela, a menudo confundimos los «imperativos» con los «objetivos». Los primeros son cosas que tenemos que hacer inevitablemente, mientras que los segundos, aunque exigen cierto grado de planificación, deberían ser lo bastante fluidos como para cambiar con el tiempo. (Me atrevería a sugerir que el apartado de «imperativos» podría estar casi vacío. Si nos vemos a nosotros mismos con rigidez, es posible que veamos las cosas de una manera muy limitada y que creamos que hemos fracasado cuando no conseguimos un «imperativo».) Los objetivos, por otra parte, son estímulos saludables, nos motivan. Sin embargo, la persecución rígida de un objetivo invariable puede resultar paralizante. Los mejores objetivos son aquellos que están definidos, pero que quien los persigue sabe que pueden cambiar con el paso del tiempo.

Al hablar de los «imperativos» normalmente necesitamos otra de las siete «c»: el CONTROL. Ante un «imperativo» actuamos con rigidez y determinación, pero esa misma rigidez nos incapacita para reaccionar ante los cambios. En esencia, estamos controlando cosas que ya no necesitamos controlar, porque han dejado de tener valor para nosotros. Sin embargo, si nos marcamos objetivos, pero aceptamos la necesidad de cambiarlos con el paso del tiempo, podremos seguir controlando las situaciones y las circunstancias cambiantes, cosa que no es posible, si los «imperativos» son inflexibles.

―――――

Este ejercicio nos ayuda a examinar con sinceridad nuestras prioridades, ya que hacemos una fotografía mental de nuestro yo actual. No te muestres inflexible en este aspecto. Todos cambiamos y nuestras prioridades también, y nuestros objetivos vitales son un reflejo de estos cambios. Sin embargo, también vemos mucha gente que nunca acaba de sentar la cabeza y que salta de un trabajo a otro, de una casa a otra, e incluso de un país a otro. Es como si estuviesen buscando algo fuera de sí mismos, cuando lo que probablemente deberían hacer es buscar en su interior. Ser uno mismo y entenderse a uno mismo elimina gran parte de la ansiedad, porque desaparece la presión de crear una falsa identidad.

Ejercicio 4: ¡Estoy en venta! ¿Me compras?

Este ejercicio puede ser divertido y está basado en una idea que he tomado prestada de *JPod*, una novela de Douglas Coupland. Su utilidad radica en que puede ayudarnos tanto a valorar nuestros puntos fuertes como los débiles, pero con la intención, a su vez, de ayudarnos quizás a ver el lado divertido de esos puntos débiles; la risa puede ser un gran antídoto contra nuestros propios problemas. ¡El ejercicio es sencillo y consiste en que te imagines cómo te venderías a ti mismo en una página de subastas de Internet como eBay!

EJERCICIO

¿Cómo te presentarías? Tienes que venderte resaltando tus mejores cualidades. Pero tampoco puedes mentir, así que también es preciso que señales tus defectos y tus puntos flacos. Con la ayuda de un amigo elaboré el siguiente ejemplo, que puede servirte de modelo para hacer el tuyo propio. Recuerda, tienes que disfrutar haciéndolo, y no olvides que para vender algo con este sistema, ¡cuantos más rasgos positivos destaques, mejor!

Descripción del objeto: Hijo primogénito
Precio actual: Un millón de euros (muy lejos del precio de salida; ¡la oferta es única!)
Tiempo restante: Unos 40 años, si hace un poco más de bicicleta
Tiempo de inicio: Nunca es demasiado tarde para empezar
Historia: Ha vivido bastante
Ubicación: Londres, Inglaterra
Enviar a: Europa, Brasil. Australia también es un buen destino ahora mismo
Puesto clasificación: Podría mejorar

Estás pujando por un varón modelo anglosajón de mediados de la década de 1960. Para la edad que tiene, conserva gustos juveniles y en ocasiones pueriles. Es un buen amigo, leal, una buena compañía cuando está de humor, es extravagante, creativo, detesta lo convencional y diría que hasta la fecha las cosas le han ido bastante bien. Es un gran optimista y cree que las cosas aún le irán mejor. A sus amigos les sorprenderá oír que, aunque a menudo se muestra irritable y taciturno, le encanta ser así. Por lo tanto, atención a los psicólogos de eBay. Aunque tiene canas prematuras, cree que se le irán en cuanto sus dos hijas se independicen.

Sus puntos débiles son los siguientes: le gusta gustar y deja todo para el último momento. También se considera bastante culto, pero debido a su bajo umbral del aburrimiento, evita las conversaciones de tono intelectual. Asimismo, funciona a dos velocidades: pereza indolente y actividad maníaca. Experto en dejar las cosas a mitad o en ni siquiera empezarlas. Le puede producir ansiedad no realizar sus sueños, lo que lo apoltrona en el sofá durante largas temporadas hasta que supera el trance.

En la actualidad solamente pone a la venta su código genético único. Y puesto que es único, considera que lo que ofrece es algo especial. Cree que el avance científico le permitirá reencarnarse algún día y por eso ofrece su propio programa genético, para venir en la primera hornada.

En su fuero interno sueña con ser camionero de larga distancia.

Se trata de un ejercicio divertido, pero que también tiene un lado serio. Te permite ser honrado sobre tus puntos débiles a la vez que, tal como he sugerido en la introducción al ejercicio, aprendes a reírte un poco de ellos. La parte seria consiste en darnos cuenta de que son nuestros puntos flacos los que a menudo nos producen ansiedad. Si los vemos como debilidades reales, nos impedirán actuar en aquellas situaciones en las que éstos sean puestos a prueba.

Ejercicio 5: Puntos fuertes característicos y valores principales

> *Lo cierto es que ya no creo en mi infalibilidad.*
> *Por eso estoy perdido.*
>
> Rubashov, personaje de la novela
> *Oscuridad a mediodía*, de ARTHUR KOESTLER

¡Y ahora incurriremos en una sana contradicción! Aunque he dicho que evaluar tus puntos débiles y vulnerabilidades es importante, y de hecho lo es, también he dicho que no deberíamos encallarnos en el autoanálisis. En su libro *La auténtica felicidad*, el psicólogo y escritor Martin Seligman sugiere que demos un paso más allá. Lo que dice es que no deberíamos dedicar nuestro tiempo a tratar de corregir nuestros puntos flacos cuando ese tiempo estaría mejor invertido si fomentáramos nuestros puntos fuertes. Es algo que descubrió mientras se esforzaba por ser un buen padre. Se le ocurrió que tal vez sería más útil aprovechar el tiempo para fomentar los puntos fuertes de sus hijos en lugar de ponerse nervioso por las debilidades que detectaba en ellos. Es un dilema con el que muchos padres se sentirán identificados.

Seligman fue más allá, y ahora es cuando tú y yo intervenimos. Identificó 24 «puntos fuertes característicos» o cualidades morales (en oposición a los talentos, como correr 100 metros a toda velocidad). Estos «puntos fuertes característicos» los asoció entonces a seis valores principales: sabiduría, coraje, humanidad, justicia, templanza y espiritualidad.

EJERCICIO

En la tabla de la página siguiente he dado a cada uno de los valores mi propia definición. El ejercicio no consiste en que evalúes tus «puntos fuertes característicos» (los lectores que deseen hacerlo pueden realizar el test de Seligman que aparece en su página Web www.authentichappiness.org), sino en que reflexiones sobre las ocasiones en que hayas mostrado al mundo los más elevados valores que hay en ti como ser humano. Procura poner ejemplos en los que tus pensamientos y acciones, y tu comportamiento en tus relaciones con los demás, te hayan hecho adalid de esos valores. Es muy fácil decir «no poseo estas cualidades» o «nunca he hecho nada así»; pero la verdad es que todos hemos sacado lo mejor de noso-

tros mismos al menos en algunos de esos valores, y le hemos demostrado al mundo que a través de nuestros pensamientos y nuestros actos somos capaces de exteriorizar los valores más sublimes.

Valor	Descripción del valor	Cuándo lo exterioricé
Sabiduría	El conocimiento y la sabiduría que nos ayudan a emitir juicios sensatos y a tomar decisiones acertadas.	
Coraje	Afrontar desafíos y adversidades sin apartarnos del camino que consideramos correcto.	
Humanidad	Cuando demostramos las cualidades que creemos que sacan lo mejor de nosotros como seres humanos en nuestras relaciones con los demás.	
Justicia	Cuando tratamos al prójimo de una manera justa y equitativa.	
Templanza	Cuando nos contenemos. Pero no significa ausencia total de placer.	
Espiritualidad	Mayor conexión con la mente y su crecimiento que con las cosas materiales.	

Advertencia sobre los cinco ejercicios

Conocerse a uno mismo es importante. Pero autoanalizarse hasta llegar a un estado de inercia es peligroso. En el mundo del deporte hay muchos deportistas que han bloqueado sus habilidades atléticas por analizar en exceso los aspectos técnicos de su actividad. Ha habido casos excepcionales de gente que ha dejado incluso de competir. Muchos «vemos de forma selectiva» determinados defectos de carácter en nosotros mismos, que dejamos que lo impregnen todo. Si creemos que somos de cierta manera, nos ponemos a buscar todos aquellos comportamientos que apoyan nuestra creencia. Cuando nos examinamos, es beneficiosa una apreciación saludable de nuestros puntos fuertes y débiles, y de nuestros rasgos característicos. Pero no hay que olvidar que muchos somos demasiado críticos y creemos que determinados rasgos que identificamos en nosotros mismos son defectos fatales que nunca corregiremos. Es sabido, por ejemplo, que hay un montón de hombres, servidor incluido, que malgastan muchísima energía intentando no parecerse a sus padres, y les molesta exteriorizar comportamientos que consideran una repetición de los de sus padres. Lo que mucha gente hace es analizar en exceso un aspecto de su comportamiento, porque es el que tienen más presente, mientras que ignoran el resto de actitudes y cualidades que demuestran su singularidad como individuos.

De hecho, a menos que estos «defectos» nos lleven a cometer acciones inmorales o ilegales, no vale la pena obsesionarse con ellos. Un análisis personal saludable nos ayuda a reconocer en qué momento se producen nuestras respuestas emocionales y a adaptar nuestro comportamiento en consecuencia, tal como sugiere la cita de Chris Carling al comienzo del capítulo. Ella misma nos recomienda tres pasos auxiliares para conseguirlo:

- Empieza a prestar atención a las respuestas emocionales que afloran momentáneamente. Cáptalas antes de que desaparezcan y ejerzan su influencia sin que tú seas consciente.
- Adopta una postura de curiosidad e interés por lo que ha sucedido. Por ejemplo: «¿Por qué me ha molestado tanto que X haya dicho Y? He notado que empezaba a ponerme nervioso, ¿a qué es debido?»
- Pon nombres a los sentimientos que observes: miedo, rabia, excitación, enfado, etcétera. Dite de manera muy explícita lo que has observado y acéptalo como una parte tuya. Nombrar y reconocer tus sentimientos hará que su influencia decrezca y te permitirá decidir con mayor libertad cómo quieres comportarte.

Un final feliz...

Terminaremos la primera parte con la historia de Heather. Heather alberga en sí muchas de las cosas que hemos explorado en este capítulo: creencias erróneas sobre su carácter y lo que es apropiado para ella, mezclado con una falta de confianza en sí misma fruto de malas experiencias. Pero supo replantearse su vida y tras varios intentos infructuosos, al fin, logró recuperar la confianza.

C A S O

La historia de Heather: *Ser consciente de uno mismo*

Creo que mi historia ha consistido realmente en ser más consciente de mis puntos fuertes y débiles, y también de lo que me produce estrés y ansiedad.

Antes del empleo que tengo en la actualidad, estuve trabajando como jefa de equipo en un Centro de Llamadas para una empresa de venta al menor con clientes de muy alto perfil. Acepté este trabajo sin estar verdaderamente segura de lo que quería hacer, pero pensé que podría ser interesante. Ahora sé que fue un gran error, pero durante bastante tiempo pensé que había acertado.

Se trabajaba deprisa y con mucha presión. Nuestros clientes eran muy exigentes, y a veces también muy maleducados. Los «call centers» no son siempre el sitio más apetecible del mundo donde trabajar, así que a menudo faltaba personal, lo que implicaba que solíamos tener más trabajo del que podíamos gestionar. Mi jefa tampoco facilitaba las cosas. Le encantaban los desafíos (se le daba muy bien crear situaciones de crisis), y parecía que sólo se crecía cuando podía poner en práctica sus planes de contingencia. Continuamente ponía de relieve lo defectuoso que era mi equipo, pese a que, a diferencia de otros equipos, yo no contaba con ningún ayudante, y supongo que empecé a creer que tenía verdaderos defectos. Perdí la confianza en mí misma.

Como resultado de esta pérdida de confianza dejé de creer que había cosas que podía hacer para que la situación fuese más tolerable; ¡de todas formas, esa situación nunca iba a ser perfecta! Debí haber presionado a mi jefa para intentar que contratase más gente o delegara parte del trabajo. No debí haber traído los problemas del despacho a casa por las noches. Pero estaba permanentemente preocupada y no paraba de llorar, incluso en el trabajo. Dormía fatal y empecé a aislarme. Me tomé unas vacaciones y no dormí en toda la semana, tal era la ansiedad que me producía pensar en la vuelta a la empresa. Entonces entendí que debía dejar el trabajo, cosa que hice, aunque no tenía otro trabajo en perspectiva.

Al principio me sentí aliviada por haber tomado la decisión, pese a que, como es lógico, me preocupaba no tener otro trabajo. Todavía no había recuperado la confianza en mí misma. Empecé a salir con alguien que había conocido en una fiesta (no podía creer que se interesase por alguien como yo), pero puse demasiada energía en la relación y me desesperé cuando se rompió al cabo de poco tiempo. Me estaba hundiendo en espiral y pasé una temporada tomando Prozac (tenía unas pesadillas horribles) y asistiendo a terapias (lo cual me ayudó).

Pero me alegra decir que mi historia tiene un final feliz. Me di cuenta de que necesitaba recuperar la confianza en mí misma, de modo que acepté un trabajo que estaba por debajo de mis capacidades; el hecho de que fuera consciente de esto indica que en el fondo era una persona competente. Hacer bien mi trabajo me permitió tener cierto éxito y, en consecuencia, mi confianza volvió a aumentar. Usando un cliché, aprendí que a veces hay que retroceder para avanzar. He empezado a verme a mí misma desde una perspectiva más equilibrada. Los libros de autoayuda me han sido muy útiles. He aprendido que siempre he necesitado las opiniones ajenas para validar la mía. Hasta ahora nunca había hecho realmente nada por iniciativa propia, porque carecía de la confianza suficiente para hacerlo. Tengo más confianza en mí misma. Me acaban de ascender, ¡así que algo habré hecho bien!

———

Lo que realmente nos permite hacer un análisis saludable es que nos concentremos en nuestros talentos únicos y puntos fuertes característicos, y los utilicemos para obtener una vida más feliz y con menos ansiedad adecuada para la persona que somos. Muchos de nosotros seguimos sin creernos que tenemos esos talentos, puntos fuertes y aptitudes.

En la segunda parte de este capítulo estudiaremos nuestra capacidad para ser individuos seguros y participativos, con muy poca ansiedad por el lugar que ocupamos en el mundo.

Segunda parte: El valor de la confianza

> *Es fantástico cuando descubres que todavía tienes*
> *la capacidad de sorprenderte a ti mismo.*
> *Es entonces cuando te preguntas qué más puedes hacer.*
>
> Lester Burnham, personaje de Kevin Spacey
> en «American Beauty», la gran película de SAM MENDES

En esta parte del capítulo nos fijaremos en dos temas: el miedo al fracaso (o el deseo de triunfar) y la necesidad que tenemos los seres humanos de sentir curiosidad y, por lo tanto, de aprender. La coexistencia de estos dos elementos, en cierto modo, nos conforma como personas y nos diferencia de casi todas las demás especies; especialmente la primera cuestión, el fracaso y el triunfo. Están asociados porque ambos impactan de forma sustancial como elementos cruciales de una de las siete «c»: la CONFIANZA. El éxito genera confianza, pero con frecuencia no percibimos nuestros triunfos. El fracaso no es más que un paso hacia la maestría. Somos animales curiosos con una sed prácticamente infinita de conocimiento. El viaje de la adquisición de conocimientos puede ser arduo, y las situaciones difíciles pueden provocar una pérdida de confianza.

Si bien es cierto que estos dos elementos son esenciales para nuestra vitalidad en cuanto seres humanos, también son grandes causantes de ansiedad. Cada cierto tiempo nos preguntamos si las cosas nos están saliendo bien o mal, y nos produce ansiedad concluir que hemos fracasado. Si creemos que nuestras vidas van a la deriva, tal vez sea porque tampoco hacemos nada en concreto por evitar esa deriva. Nuestra curiosidad no nos impulsa a probar cosas nuevas. El posible fracaso puede crear falta de confianza y, como ya hemos visto en la nada inusual historia de Heather, los resultados pueden ser desagradables.

1. Fracaso contra éxito

> *Si nos angustia el fracaso es porque el éxito*
> *es el único incentivo fidedigno que tiene el mundo*
> *para garantizarnos su bondad.*
>
> ALAIN DE BOTTON, *Status Anxiety*

La cita de Botton no es precisamente motivadora, pero he recurrido a ella porque podemos y debemos cuestionarla. Nos pasaremos la vida padeciendo ansiedad si dejamos que sea el mundo el que decida si hemos o no hemos triunfado. Cuando bailamos constantemente al son de los demás o al del mundo en general en lugar de hacerlo al nuestro, enseguida perdemos el control de nuestro ritmo natural. Una vida así es una vida llena de ansiedad por intentar cumplir con las expectativas ajenas. Esto ocurre porque al llegar a la adolescencia empezamos a experimentar algunos de los estigmas asociados al fracaso percibido.

Pasemos ahora a examinar el éxito y el fracaso, y cómo éstos afectan a nuestra confianza en nosotros mismos.

Cuando el fracaso se convierte en éxito

La falta de confianza en uno mismo es una de las principales causas de la ansiedad. En los casos extremos nos vemos incapaces de enfrentarnos a la propia vida, así que nos recluimos y creamos exactamente esas circunstancias que creemos no poder manejar. O bien consideramos que hay determinados aspectos de nuestras vidas (trabajo, dinero, determinadas personas, etcétera) a los que no podemos hacer frente por falta de confianza.

E J E R C I C I O

Para hacer este ejercicio, coge un papel en blanco y dibuja una línea vertical en el medio. En la parte superior izquierda escribe «éxitos» y en la derecha «fracasos». Después repasa tu vida adulta, desde que cumpliste 18 años. En la columna izquierda escribe todos los éxitos que recuerdes. En la derecha, todo aquello que hayas vivido como un fracaso. El reto consiste en que la lista de éxitos sea más larga que la de fracasos.

¿Difícil? Todos tenemos más éxitos que fracasos en nuestro haber, pero es posible que muchos lectores tengan una lista de «fracasos» más larga que la de «éxitos». Lo cual puede ser debido a dos cosas:

- A que no reconoces tus numerosos triunfos.
- A que haces demasiado hincapié en lo que crees que has fracasado cuando sólo ha sido el primer paso del camino hacia un éxito.

Si te dices a ti mismo que has fracasado porque eres un fracasado, un «inútil», o porque posees una inferioridad genética congénita que te ha impedido conseguir nada en la vida, entonces es probable que hayas creado unas respuestas a medida que te dificulten sobremanera triunfar en algo concreto.

Normalmente es un problema de confianza. Quienes carecen de confianza en sí mismos es posible que la perpetúen creyendo en lo que denominamos «desamparo aprendido» (es decir, que todo lo negativo que nos pasa se debe a nuestra propia incapacidad). Los que triunfan en algo determinado también habrán fracasado en un momento dado, pero después de analizar las circunstancias en las que fallaron decidieron hacer cambios para no volver a fracasar. Fracasar en algo no te convierte en un fracasado. De hecho, ninguno de nosotros es un fracasado, pero a menudo nos comportamos como tales cuando algo nos sale mal.

Lo cierto es que muchos de nosotros somos capaces de transformar un fracaso en un éxito, y así lo hacemos. Es más, si echas un vistazo a tu lista de éxitos, quizá te des cuenta de que algunos aparecen también en la lista de fracasos. Si dudas de tus propias capacidades, piensa detenidamente en tu lista de éxitos. Las madres solteras, los que están en paro y aquellos que realizan un trabajo en el que no se sienten a gusto son grupos que tienden a perder la confianza en sí mismos cuando más la necesitan. Piensa ahora en las personas que se pasan muchos años en un empleo que detestan. Eso sí que es un éxito (¡aunque también les sugeriría que cambiaran de trabajo!).

Pongamos por caso que padeces un determinado grado de ansiedad social y te incomoda entrar en una habitación llena de desconocidos. Es posible que tu miedo se deba a malas experiencias pasadas; pero también es posible que en alguna ocasión hayas entrado en una habitación llena de extraños y pese a tu recelo te hayas divertido. Siempre recordamos los malos momentos, aunque hayan sido pocos.

Un claro ejemplo de que podemos convertir un «fracaso» en un éxito se da cuando aprendemos a conducir. Mucha gente suspende el examen por lo menos una vez, y cuando imparto talleres y hablamos del tema, todos nos reímos al escuchar las «horrendas» anécdotas que se cuentan. El factor clave radica en que, dando por supuesto que al final aprobaremos, durante el proceso, por tedioso que éste haya sido, hemos tenido que analizar por qué hemos suspendido para poder mejorar y acabar aprobando. Esta misma actitud es válida también para otras situaciones. Consiste en tomar el CONTROL (ver las siete «c») de las circunstancias que rodean nuestro fracaso para poder triunfar la próxima vez.

Cuando sentimos que estamos contribuyendo

A muchos de nosotros nos falta confianza en nosotros mismos porque no tenemos la sensación de estar contribuyendo (ver las siete «c»). Cuando sabemos que aportamos algo, somos más propensos a considerarnos triunfadores y, por lo tanto, nuestra confianza aumenta. Nos valoramos a nosotros mismos y lo que hacemos en la vida. Creo que cualquiera que contribuya a mejorar la vida de otra persona es un triunfador; y lo que digo no es huera psicología de masas, lo creo de verdad.

Nos imaginamos la palabra «contribución» asociada a una especie de eterno triatlón psicológico (una serie de pruebas durísimas y objetivos lejanos sobre los que otra persona determinará si hemos realizado o no una «contribución»). Eso no significa que no tengamos que esforzarnos. Pero el hecho de que haya tanta gente que no se sienta partícipe, en el trabajo por ejemplo, genera una ligera ansiedad, más existencial, que, no obstante, da la impresión de que nunca se irá. No es necesario estar ansioso por esto o por el efecto que tus contribuciones puedan producir, y para ilustrarlo utilizo una famosa historia:

Había una playa a cuya orilla las olas traían cada día cientos de estrellas de mar, que esperaban inevitablemente la muerte. Un hombre que todas las mañanas hacía *footing* por la playa, veía siempre al mismo joven devolviendo al agua algunas de las estrellas. Y cada día pensaba en la inutilidad de su acción, hasta que un buen día decidió abordar al muchacho. «Oye, chico —le dijo—. Hay millones de estrellas de mar. No puedes pretender salvarlas a todas. No conseguirás cambiar las cosas.» En ese momento el joven se volvió, cogió una estrella de mar y la lanzó al agua. «Tal vez, pero el destino de esta estrella sí ha cambiado», contestó.

De modo que mi consejo es que hagas el trabajo que hagas o sea cual sea el papel que desempeñes, valora lo que haces; no lo menosprecies. Quizá no sea lo que realmente querrías hacer, pero ahora mismo, alguien, en alguna parte, valora lo que haces. Estás contribuyendo, pero a lo mejor aún no te has dado cuenta. *Eres* un triunfador.

Cuando estamos a gusto con nuestro estatus

Pensamos que el éxito procede del estatus que la sociedad nos otorga. Debido a que en el presente los que tienen talento para estar ante las cámaras pueden eclipsar a otros que poseen otros talentos más provechosos, estamos sometidos a una gran presión para obtener estatus a través de la fama o los objetivos «superficiales». Lo curioso es que en una época en la que hay más oportunidades y opciones que nunca para canalizar nuestros talentos, muchos de nosotros, especialmente los jóvenes, elegimos circunscribir el éxito a unos límites cada vez más estrechos. Si sembramos las semillas de nuestro estatus social a través del ojo de la aguja de la fama, muchos de nuestros jóvenes acabarán sintiéndose muy decepcionados. Claro que no llegaremos a semejante dramatismo. Cimentamos nuestra autoestima en buena medida a partir del estatus que creemos tener, pero la barrera para conseguir dicho estatus es obvia cuando dejamos que otra persona o nuestra cultura lo establezcan por nosotros.

Por poner un caso concreto, por ejemplo, si tenemos un empleo considerado de bajo estatus, se nos juzga más y de una manera mucho más significativa por nuestra personalidad y nuestra empatía con los demás que por el trabajo que desempeñamos. Elevamos de inmediato el estatus de un mecánico, si éste tiene experiencia, se muestra solícito y atento con nosotros, y no se ajusta al estereotipo (por muy erróneo que éste sea) de alguien que nos dice que nuestro coche necesita una serie de reparaciones por valor de 500 dólares cuando sólo lo habíamos llevado al taller para que nos cambiaran la batería. El ejemplo también se puede extrapolar a otras profesiones. Cuando un amigo mío acudió a un abogado de una ciudad de provincias francesa para asesorarse y éste le pidió cobrar en efectivo para no pagar impuestos, adjudicó en aquel momento un bajo estatus a la abogacía en Francia a partir del comportamiento de una sola persona (pese a que la mayoría de los abogados franceses deben de ser profesionales y harán bien su trabajo). Independientemente de lo que hagamos, nos comportamos en función del estatus que creemos tener; y también en función del estatus que concedemos a los demás y a lo que hacen.

Así pues, en gran medida nuestro estatus lo determinamos nosotros mismos; si una mujer cree que su rol de ama de casa es importante, y que tiene estatus, actuará basándose en esa percepción. Su nivel de autoestima será elevado porque asocia un estatus alto al papel que desempeña. Si, por el contrario, cree que ser ama de casa es algo parecido a la idea eduardiana de «servir», entonces tanto su estatus como su autoestima serán bajos.

Reconozco que determinar el estatus en función de un solo aspecto de nuestras vidas (el trabajo) tal vez esté un poco anticuado. En la actualidad tenemos una vida tan multiforme que nuestra autoestima quizá sea el resultado de la unión de todas las partes. Por ejemplo, podemos tener un empleo que consideramos de bajo estatus, pero que nos permite costearnos un *hobby* como el paracaidismo, de cuyo club local somos el presidente y donde, por tanto, gozamos de estatus. Es probable que algunas personas necesiten más tiempo para darse cuenta de que hay más maneras de las que creen para desarrollar la autoestima.

2. Curiosidad contra «lucha»

Reprimir la curiosidad (siendo ésta un instinto sano y natural del ser humano) es mucho más dañino para nuestro bienestar a largo plazo que las ansiedades que podemos experimentar mientras satisfacemos nuestra curiosidad. Dichas ansiedades pueden ser una parte natural y sana de nosotros mismos si las canalizamos de forma productiva. La clave está en ver la ansiedad como un medio a través del cual dirigimos nuestro pensamiento y hacemos una valoración realista del camino que tenemos delante.

A continuación describo el proceso clásico por el que pasamos cuando satisfacemos nuestra curiosidad:

1. Ser curiosos nos impulsa a buscar oportunidades y a expresar el deseo de aprender.

2. En nuestra búsqueda descubrimos muchas cosas nuevas tanto de nosotros mismos como de los demás y del mundo en que vivimos.

3. Nuestros descubrimientos pueden generar emociones contradictorias. Si hemos disfrutado haciendo una cosa (en retrospectiva), nos apetece volverla a hacer. Si nos ha costado bastante esfuerzo (tal vez hayamos montado nuestra propia empresa y hayamos triunfado), entonces es posible que digamos que el esfuerzo ha valido la pena. Si no hemos conseguido lo que queríamos, tenemos dos opciones: tirar la toalla, o decidir que lo haremos mejor la próxima vez, en cuyo caso...

4. ...repetiremos la experiencia, después de haber aprendido de nuestros errores, hasta que logremos nuestro objetivo.

5. Incluso cuando aprendemos algo nuevo, acabamos dominando el proceso, como ocurre al aprender a conducir. Si dirigimos un negocio, quizá logremos hacerlo prosperar. Si un viaje por el extranjero ha incentivado nuestra curiosidad, quizá sintamos que entendemos mejor la vida y la cultura de los habitantes de otros lugares.

Si recientemente has cambiado el rumbo de tu vida, a lo mejor te resulta útil planificar tu evolución a través de estas cinco fases. Sobre todo en las fases 3 y 4 es posible que el proceso te haya parecido desconcertante, bien porque la situación te producía cierto recelo, bien porque no tenías claro qué dirección tomar. Parte del enfoque del tratamiento de la ansiedad consiste en comprender que lo que sentimos es completamente natural. Incluso a quienes están encantados con la dirección nueva que eligieron, en algún momento dado los obstáculos les hicieron poner en duda su elección. Reconocer que la ansiedad es normal puede agudizar nuestros pensamientos y reconducir nuestra mente en la dirección escogida; y, evidentemente, también en una que no hayamos escogido nosotros.

Freud identificó el concepto de «lucha», periodo que describió como el más hermoso de nuestras vidas. Pero la lucha puede resultar desconcertante. Cuando intentamos encontrar algo a través de nuestra curiosidad, corremos el riesgo de perdernos (especialmente cuando aprendemos, cuando nos estamos descubriendo a nosotros mismos, y cuando exploramos nuestro intelecto y nuestra inteligencia emocional). En realidad, raras veces recorremos un camino trillado y fácil en la vida, que, de lo contrario, tal vez sería bastante aburrida.

Así que ¿cómo debemos vivir la lucha? ¿Y cómo podemos aceptarla como una parte natural de la vida, quizá como algo divertido que, pensándolo bien, nos puede aportar felicidad? La frustración durante la «lucha» produce ansiedad: «¿Lo conseguiré algún día?»; «Parece que las cosas le van bien a todo el mundo menos a mí»; «¿*Soy* el único que se siente así?». Son las preguntas típicas que nos hacemos.

En el mejor de los casos, la vida podría y debería ser un largo proceso de aprendizaje. Lo cual tiene como efecto positivo una vida más rica y productiva, ya que desarrollamos nuestra curiosidad, exploramos oportunidades y aumentamos nuestros conocimientos. Sin embargo, tal como sugirió Freud, esta riqueza va asociada a la lucha, y es posible que no sepamos si ésta ha valido o no la pena hasta que echemos una mirada retrospectiva. Aunque ¿qué haríamos si no tuviésemos que luchar? Imagínate que estás a punto de morirte: ¿qué te gustaría decir de tu vida? ¿Que no intentaste nada? Probablemente no. Lo que pasa es que al intentar cosas nuevas, debemos aceptar que sufriremos alguna que otra ansiedad. Procura vivirlas como parte del proceso de aprendizaje.

Y recuerda que el aprendizaje se produce de diversas maneras. A lo mejor no nos han gustado otras culturas que hayamos conocido, nuestro negocio no ha funcionado, o no hemos encajado en nuestro nuevo empleo. No pasa nada, porque aun así hemos aprendido. Aprender lo que no somos puede ser tan útil como aprender lo que somos, ya que sea como fuere conocemos más cosas de nosotros mismos. Cuando sentimos curiosidad, empezamos a buscar las respuestas a las preguntas de cuya formulación ni siquiera éramos conscientes, pero que constituyen el combustible que incita al descubrimiento.

De modo que, ¿adónde puede llevarnos la curiosidad? La ansiedad existencial, que expondré en el siguiente capítulo, puede aparecer si reprimimos la curiosidad que hay en nuestro interior. Si dejamos que ésta aflore, quizá tengamos una vida más plena y dotada de significado. Recuerda:

> *Al cerebro le gusta la búsqueda activa;*
> *la aceptación pasiva lo mata.*
>
> (Fuente anónima)

2

EL SIGNIFICADO DE LA VIDA:

¿Para qué estoy aquí?

Como seres humanos somos propensos a creer que la vida debe tener un sentido. Tenemos planes, aspiraciones y deseos. Queremos sacarle partido a la embriagadora existencia que nos ha sido dada. Pero ¿cómo ve la vida un liquen? Su afán por existir, por ser, es tan fuerte como el nuestro, tal vez incluso más. Si tuviese que pasarme décadas recubriendo una roca de un bosque, creo que perdería las ganas de seguir viviendo. Los líquenes no. Al igual que prácticamente todos los seres vivos, sufrirán cualquier penuria y soportarán cualquier insulto con tal de vivir un instante más. La vida, en definitiva, simplemente quiere ser. Pero (y esto sí que es curioso) por lo general no quiere ser gran cosa.

BILL BRYSON, *Una breve historia de casi todo*

Los expertos en la infancia y el aprendizaje creen que los niños empiezan a formular preguntas de cariz existencial antes de lo supuestamente establecido (desechando así la idea del gran psicólogo infantil Jean Piaget acerca de que los niños empezaban a hacer estas preguntas alrededor de los 11 años). Por ejemplo,

¿cuándo empezaste a plantearte lo que querías ser de mayor? Mi hija de seis años está convencida de que vivirá en España (¡aunque todavía no ha estado allí!). Con el paso del tiempo las preguntas van cambiando y quizá nos preguntemos cómo queremos ser recordados. Sin embargo, el hecho de que nos planteemos estas cosas implica que somos conscientes de que la vida tiene un sentido y un fin más allá de la mera supervivencia.

Vivir en un vacío parcial

En física se usa el término «espacio libre» para designar el llamado «vacío perfecto». Es decir, ese espacio en que no hay absolutamente nada. De hecho, tanto en física como en la vida real, el vacío perfecto no existe. Lo que hay son los denominados «vacíos parciales», en los que hay determinadas «cosas», por pocas que sean. Los vacíos parciales de la vida son aburridos y, sin embargo, en la existencia humana se da la paradoja de que cuando disponemos de cierto tiempo libre para hacer alguna de las cosas que nos gustaría hacer, por lo general no hacemos nada (¡al menos, nada significativo!) Fijémonos, si no, en lo que les pasa a algunas personas cuando se jubilan: en el momento en que tienen más necesidad de mantenerse activos, un número considerable de gente hace lo contrario. Piensa en lo que solemos hacer después de un duro día de trabajo: ¿podríamos renunciar a ver la televisión para hacer algo más significativo? Sabemos que probablemente deberíamos hacerlo, pero a menudo no lo hacemos.

Vale la pena recordar que todos nacemos en vacíos parciales. De nosotros depende hasta qué punto queremos llenar ese vacío. Si lo llenamos hasta arriba, aumentaremos la presión interna de forma sustancial. Y cada persona tolera una cantidad diferente de presión. Cuanto más gratificante sea la presión a nivel personal y más adecuada para hacer uso de nuestros puntos fuertes y nuestros talentos (véase los «puntos fuertes característicos» de Martin Seligman en el último capítulo), más presión podremos soportar.

Llenar el vacío; lecciones de la historia

De igual modo que Suecia fue cuna de una generación de grandes tenistas en la década de 1980 y Estados Unidos de una serie de magníficos músicos de jazz en las décadas de 1940 y 1950, Austria vio nacer a tres de las figuras más importantes de la historia de la psiquiatría: Sigmund Freud (nacido en 1856), su discípulo Alfred Adler (1870) y, un poco más tarde, Viktor Frankl (1905). Los tres asentaron los cimientos fundamentales para los investigadores de la ansiedad y de las neurosis a ella asociadas, que proporcionan una ingente materia de reflexión para quienes pretendan entender su propio comportamiento y motivaciones, así como los de otras personas. Además, todos ellos se hicieron la misma pregunta: ¿por qué estamos aquí?

Lógicamente, al analizar lo que dijeron, en especial Viktor Frankl, conviene recordar que no hay ninguna certeza acerca de las respuestas a esta pregunta (aunque algunos de nosotros como mínimo nos esforcemos por intentar encontrar una especie de sentido o fin último). Tal vez algún día el estudio de nosotros mismos se convierta en una ciencia exacta (yo, personalmente, espero que nunca suceda), pero, entretanto, tendremos que fiarnos de las precisas valoraciones de quienes dedicaron sus vidas a «estudiarnos» para «ayudarnos». Estos tres monstruos de la psiquiatría diferían enormemente a la hora de describir nuestro «funcionamiento», si bien es cierto que tenían más puntos en común de los que estarían dispuestos a reconocer, de estar vivos ahora.

Sigmund Freud creía que uno de los impulsores decisivos de nuestro comportamiento es el acceso a determinados tipos de placer, y, en concreto, la necesidad de placer sexual. Pero hay otros placeres, como la comida y la posibilidad de ocio, que también se pueden incluir en lo que él llamaba «voluntad de placer». Podemos de inmediato establecer una relación entre esto y las ansiedades que observamos en la sociedad del recién empezado siglo XXI referentes a la potencia sexual, la pulsión sexual, la competitividad sexual, etcétera. ¿Por qué, por ejemplo, hay tantos medios de comunicación dedicados a hacernos creer que los demás practican más sexo que nosotros? (Y debo decir que no es lo mismo acostarse con alguien que hacer el amor con la persona que amamos.) ¿Y por qué esta obsesión actual por todo lo relacionado con el sexo, y la ansiedad que eso conlleva, está tan generalizada en las sociedades modernas? Es como si los medios fuesen conscientes de la primitiva conexión que establecen entre vender revistas y periódicos, y nuestro deseo de tener más actividad sexual.

Reconozco que leo la revista *National Enquirer* (¡sólo por su valor de entretenimiento!) y que es posible que, en parte, eso sea verdad. Siempre que la leo me pregunto cómo puede ser que, con la cantidad de actividad sexual que, al parecer, tienen los personajes que aparecen en ella, tengan tiempo para cantar, interpretar o lo que sea que hagan profesionalmente. Estoy convencido de que, si hoy en día estuviese vivo, Freud afirmaría que la moda actual de hacerse un *piercing* en las zonas erógenas del cuerpo respalda todo lo dicho por él, o que el aumento masivo del acceso a la pornografía de fines del siglo XX refleja a la perfección la «voluntad de placer». Lo que está claro es que Freud estableció una conexión inevitable entre el sexo y la ansiedad, por mucho que los críticos digan que es exagerada. Fíjate en la cantidad de veces que piensas en el sexo a lo largo del día.*

Para Alfred Adler, lo que nos impulsa es la «voluntad de poder». En su opinión, eso es lo que nos permite demostrar nuestra superioridad y, viceversa, las ansiedades y neurosis que desarrollamos potencialmente cuando percibimos nuestra propia inferioridad y debilidad (que denominaba «complejo de inferioridad»). A los emprendedores les gustará saber que proponía nuestro deseo de alcanzar objetivos a través de la autorrealización como método para lograr esta superioridad. Reconocía que nuestros objetivos cambian con el paso del tiempo, y que éstos no constituyen necesariamente una especie de misión vital, pero que el fracaso que experimentamos en la persecución de dichos objetivos genera una sensación de inferioridad que, entre otras cosas, nos produce ansiedad acerca de nuestras capacidades. Aquellos que tienen un complejo de inferioridad empiezan una introspección que, aunque valiosa, también puede ser perjudicial, si el grado de introspección se vuelve abrumador o las reacciones a ésta adversas.

---

* No pretendo ser el próximo en formar parte de la larga lista de escritores dados a trivializar sobre Freud, concentrándome sólo en el sexo. Sin duda, dijo muchas cosas ciertamente novedosas, sobre todo relacionadas con su investigación del inconsciente, aunque sus conclusiones polaricen a la gente. He recurrido a su investigación sexual simplemente con el fin de ilustrar las causas principales de la ansiedad en la sociedad del siglo XXI y sus posibles orígenes.

Para terminar nos queda Viktor Frankl, que aunque perteneció a la siguiente generación de pensadores, contó con la ventaja de poder analizar el camino recorrido previamente por Freud, Adler y otros. Frankl sostuvo que el impulsor fundamental del comportamiento humano era la búsqueda de sentido en nuestras vidas. Hizo referencia a lo que denominó el «vacío existencial»; a saber: el hueco que se forma en nuestra vida cuando sentimos que el significado de ésta es escaso o nulo, y que aparece porque la libertad del espíritu humano sano se ha visto de algún modo restringida o bloqueada. Cuando se produce esta restricción (el «vacío» al que él hace referencia), se inicia el proceso de «llenar el vacío» (ya que tenemos la inteligencia suficiente para hacerlo) a través del cual introducimos en los huecos una serie de cosas que nuestra imaginación nos dice que nos proporcionarán algún objetivo para vivir aparte de simplemente «ser». No deja de ser un rasgo admirable que sintamos la necesidad de llenar esos vacíos. No tardamos en darnos cuenta de que no somos inmortales (constatación que nos llena de ansiedad), y muchos de nosotros empezamos entonces a percibir la necesidad de buscarle un sentido a la vida.

Los escritos de Frankl reflejan su absoluta confianza en el triunfo del espíritu humano (espíritu que, a su juicio, abarca todos los recursos y capacidades interiorizados con que contamos para vivir con dignidad y sentido, sea cual sea la situación). Cuando el espíritu se bloquea, todo el valor de ese espíritu y su considerable poder también se bloquean, y o bien luchamos por darle un significado a la vida, o bien nos disponemos a llenar los huecos con cosas que crean un significado superficial. Tal vez los llenemos con algunas de las cosas de las que hablan Adler y Freud (la búsqueda de placer y poder), amén de otras más.

Hemos comentado algunas de las razones por las que los monstruos de la investigación psicológica creían que intentamos llenar los vacíos parciales que experimentamos mediante el poder, el placer gratuito o las necesidades que nos inventamos para poder darle más sentido a nuestras vidas. A lo mejor algún día conseguiremos saber quién tenía razón y quién no, pero mucho me temo que la respuesta es que probablemente todos estuvieran en lo cierto.

La mayoría de nosotros hemos experimentado fases de «vacíos parciales», durante las cuales la forma en que hemos tratado de llenar el hueco quizá nos haya degradado como seres humanos. Así que ¿cómo podemos llenarlo de una manera más provechosa? ¿Cómo podemos dar significado a nuestras vidas y con ello reducir la ansiedad incluso en las situaciones más duras y horribles?

No es fácil compararse con el liquen (volviendo a la cita de Bryson que aparece al principio del capítulo), y a muchos de nosotros no nos convence del todo simplemente «ser». Sin embargo, esos «planes, aspiraciones y deseos» a los que Bryson hace referencia, al parecer crean la necesidad de cierto grado de complejidad vital que puede ser causante de una gran ansiedad. Mucha gente vive con prisa, lo cual no deja de ser curioso, porque en la actualidad vivimos más años de los que jamás vivieron nuestros antepasados. La urgencia de «llenar el vacío», presente en las sociedades nórdicas, posiblemente suceda debido al declive de la religión organizada y al deseo de obtener algo más de la vida, aparte de la pura supervivencia.

Quienes creen que hay vida después de la muerte, *quizá* (y lo digo con reservas) contemplen la vida en la Tierra sólo como una parte de un ciclo interminable, donde la presión por lograr cosas se ve temperada por la creencia de que hay algo más después de la muerte. Tal vez Europa se haya convertido en el centro secular mundial, donde muchas personas demuestran (si bien no declaran abiertamente su falta de fe) una indiferencia hacia la religión, ya sea organizada o no. Las pruebas apuntan a que el incremento de la indiferencia religiosa es proporcional al creciente bienestar de las sociedades. En Estados Unidos, el aumento de personas que profesan el cristianismo es más acentuado en la zona central. Los habitantes de ambos litorales (generadores del bienestar económico estadounidense) son muy diferentes a lo que conocemos como el «americano medio». ¿Quiere eso decir que donde hay bienestar se da la paradoja de que, a partir de determinado nivel, la riqueza no cubre el hueco que creíamos que cubriría y necesitamos algo más? ¿Que tenemos suficiente para vivir, pero cada vez menos por lo que vivir (o eso creemos)? Este hueco crea la clásica ansiedad existencial tan generalizada en las sociedades modernas.

Diez maneras de dar verdadero significado a nuestras vidas y reducir la ansiedad

> *Una vida con sentido es aquella que va estrechamente ligada a algo más grande que nosotros; y cuanto más grande sea ese algo, más sentido tendrá nuestra vida.*
>
> MARTIN SELIGMAN, *La auténtica felicidad*

El principal objetivo de este capítulo es proporcionar maneras de que podamos intentar darle un sentido a nuestras vidas y, con ello, reducir un tipo muy específico de ansiedad. Entre «las diez maneras de dar significado» hay numerosas técnicas y filosofías que encajarían igualmente bien en muchos otros capítulos. Sin embargo, la necesidad de sentido en nuestras vidas es tan elemental para el estudio de la ansiedad que he decidido dedicarle un capítulo entero. Cuando leas los demás capítulos a lo mejor te resultará útil volver a consultar éste.

También conviene que tengas presente que no todas y cada una de las diez claves que te dé se ajustarán siempre a tu persona y que no siempre serán fáciles de aplicar. Por ejemplo, el séptimo apartado «Busca sentido en la tragedia personal manifiesta», sólo es claramente aplicable, gracias a Dios, en circunstancias muy concretas, y requerirá una búsqueda personal más profunda de la que hasta el momento hayamos podido realizar. Hay otros apartados, como la necesidad del humor y la risa, a los que es más sencillo acceder si nos decantamos por una actitud mental que deje vía libre a la risa y el humor.

1. Accede a tu vida espiritual

Como autor del libro y persona que no profesa ninguna religión, probablemente este tema sea para mí el más difícil de tratar. En primer lugar, quiero expresar mi admiración a quienes han encontrado la manera de trascender aquello que considero que me «proporciona sentido» en mi propia vida, teniendo un lugar al que ir después de la muerte que les da un sentido automáticamente. No obstante, me imagino que esas mismas personas convendrán conmigo en que la espiritualidad no es lo *único* que da sentido a sus vidas, y también podrán poner en práctica las restantes nueve maneras de dar significado a la vida que abordaré a continuación.

Doy por sentado que aquel que vea este mundo como una preparación para el siguiente goza de toda motivación y el propósito necesarios para que su existencia sea satisfactoria. Sin embargo, la espiritualidad va más allá de la accesibilidad a una vida después de la muerte y la preparación para la misma. Naturalmente, hay muchas otras religiones además de las principales: el cristianismo, el islam, el judaísmo, el hinduismo y el budismo; y mucha gente se considera «espiritual», pero no «religiosa». No deja de ser curioso que el Reino Unido tenga uno de los números *per capita* más bajos del mundo de gente que se considera «religiosa» y en cambio, el segundo más alto (después de la India) de personas que se consideran «espirituales». Además, hay mucha gente, tanto del Reino Unido como de otros países, que se define como «humanista» (aunque no sepan muy bien lo que significa) y que vive de acuerdo con un código moral, una ética y unos principios ajenos al dogma religioso, pero que bien podrían coincidir con los que siguen los creyentes.

Me atrevería a afirmar que a quienes no les acabe de gustar la idea de explorar su espiritualidad (quizá les parezca demasiado «abstracto») no es necesario que lo hagan. En realidad, se trata de conectar con otras cosas que no sean las típicas materiales, y ahondar en un mundo interior de emociones, sentimientos, empatía y preocupación por el prójimo.

Deja que las siguientes nueve maneras de dar significado calen en tu pensamiento y tu comportamiento, y el tema de la «espiritualidad» se volverá puramente formal. Serás «espiritual» si te ves a ti mismo como tal, y todas las experiencias que vivas podrán alimentar tu espíritu si así lo deseas.

Para terminar, quisiera decir que históricamente aquellos que tienen fe han encontrado el sentido necesario en sus vidas a través de las enseñanzas de sus representantes religiosos, pero en la actualidad cada vez hay más gente que se aleja de la religión y hay que buscar el sentido vital de otra forma. Los que carecen de fe pueden vivir la espiritualidad de muchas otras maneras. Los valores espirituales que las religiones abrazan se suelen fundamentar en la bondad del ser humano, y no se circunscriben únicamente a la práctica religiosa.

Lo que puedes hacer

Somos expertos en llenarnos de cosas materiales. Pero ¿sabrías alimentar tu espíritu? A muchos les ayuda tener un dios. Pero si no tienes un dios en el que creer, intenta buscar en tu interior esas cualidades emocionales que te permitan tener un concepto más completo y menos egoísta de ti mismo, del mundo y de quienes habitan en él.

Procura trascender la superficie y ver el mundo desde una perspectiva más profunda y tal vez más altruista. Para ello, la empatía es un impulsor emocional especialmente poderoso.

2. Sé parte del universo, ¡pero no su centro!

La felicidad es olvidarse de uno mismo.

El ensimismamiento (la perspectiva desde la cual el mundo entero se define a partir del propio ego) es una de las fuentes principales de ansiedad. Es un indicio que nos hayamos dado cuenta de la necesidad de llenar el vacío parcial, pero lo estamos llenando haciendo demasiado hincapié en la introspección. En el capítulo anterior planteaba la necesidad de comprendernos a nosotros mismos (lo que nos convierte en seres únicos, lo que de verdad nos gusta y lo que no, etcétera), pero es fácil caer en un ensimismamiento indulgente. Todos hemos conocido alguna vez a alguien que habla constantemente de sí mismo, lo que con frecuencia es una señal de falta de confianza e inseguridad acerca del lugar que uno ocupa en el mundo.

Muchas de nuestras ansiedades nacen mediante la sugestión. Si ahora mismo cojo un periódico, me puede producir ansiedad la guerra de Oriente Próximo, el precio del petróleo o las gestiones de mi Gobierno. Pero también pueden crearme ansiedad la «lucha contra la obesidad», las disfunciones sexuales, si llevo o no el bañador adecuado este verano en la playa, o la subida de un cuarto de punto de los intereses. Cuando alguien nos comenta algo por lo que deberíamos estar ansiosos, enseguida trasladamos esa ansiedad a nuestras propias circunstancias: «¿Podré adelgazar un par de centímetros de cintura?», «¿Seré capaz de mantener la erección o de llegar al orgasmo?» (recibo aproximadamente 20 *e-mails* absurdos al día sobre el tema) o «¿Se nota que el traje de baño es del año pasado?»

Los que se preocupan por estas cosas (preocupación del todo innecesaria) es probable que lo hagan porque sus vidas carecen de verdadero significado. Son los problemas de las economías ricas y posindustriales, donde la vida es relativamente fácil y el pequeño grado de ansiedad que precisamos (para la mayoría de nosotros es una necesidad) se convierte en miedo de no estar a la altura de los demás. Si nos lo repiten suficientes veces, podemos acabar creyéndonos casi cualquier cosa.

En uno de sus escritos, Frankl hace referencia a una mujer que de pequeña había sufrido abusos sexuales, y a cómo siendo adulta había conseguido tener una vida sexual plena y satisfactoria. Sin embargo, cuando le dijeron que dado su pasado lo normal sería que tuviese problemas sexuales y que, a tenor de sus circunstancias, su conducta sexual era anormal, empezó a dejar de disfrutar con el sexo como hasta entonces.

Pregúntate si tus ansiedades son el resultado de pensar demasiado en ti mismo, y si eso se debe a que tu vida actual no es satisfactoria y carece de sentido. Y si tus amigos realmente te juzgan por tu vida sexual, el modelo de coche que conduces o la ropa que llevas, pregúntate si de verdad los necesitas como amigos. Si lo permitimos, casi todo puede ser motivo de preocupación; de nosotros depende que no sea así.

Lo que puedes hacer

Si crees que el ensimismamiento te ha producido ansiedad, tal vez te sea útil involucrarte en actividades que te alejen de una introspección excesiva. De igual modo que la paternidad recién estrenada hace que uno minimice las ansiedades triviales y autoprovocadas, hay muchas cosas que puedes realizar para apartar la atención de tu propio yo. Por ejemplo, ¿qué tal si dedicas dos horas semanales a alguna actividad benéfica? ¿Podrías apuntarte a algún programa de tu comunidad?

Este ejercicio sirve para aprender a prescindir del ego; es la combinación de una aportación a la sociedad (y de cultivar más el espíritu) y de un análisis más ecuánime de tus propias ansiedades.

3. Acepta que no eres inmortal

Una de nuestras mayores ansiedades, de la que huyen las sociedades occidentales, la constituye el hecho de que la única certeza que hay en la vida es la muerte. A medida que crecemos, nos damos cuenta de que no somos la persona inmortal que creíamos ser a los 15 o 20 años. Empezamos a buscar cosas que puedan definirnos, y al mismo tiempo esperamos que, cuando nos llegue la hora, no nos enteremos. Dicha certeza es fuente principal de ansiedad en todos nosotros; una ansiedad de la que algunos nunca nos libramos y que, paradójicamente, si se vuelve abrumadora, nos puede acercar más a la propia muerte.

Pero hay cosas que podemos hacer para aliviar esta ansiedad. Si, como a mí, esta certidumbre te produce un miedo real, trata de superar tus pensamientos sobre la muerte teniendo en cuenta alguna (o todas) de las siguientes formas de ver la vida.

Tu contribución siempre será valiosa

En uno de mis libros, que habla sobre cómo detectar y aprovechar las oportunidades que la vida nos da, aseguro que al morir muchos de nosotros querríamos mirar atrás y decir «he triunfado». Para cada uno el «triunfo» es una cosa distinta. Al fin y al cabo, no todos llegaremos a las alturas estratosféricas que algunos, erróneamente, consideran, de hecho, el único éxito aceptable. Sea como sea, tu contribución puede ser diversa y, sin duda, valiosa.

Es posible que se nos valore por la CONTRIBUCIÓN (ver las siete «c») que hayamos hecho y por nuestra predisposición a mejorar la calidad de vida de los demás. Cuando leemos autobiografías de ciertos personajes públicos, llama la atención que a muchos de ellos (sobre todo los de cierta edad) les guste resaltar las contribuciones que han realizado más allá de su profesión. Las personalidades de alto perfil como Bill Gates, Bono y Bob Geldof ansían traspasar la superficialidad de lo que hacen para ganarse la vida y vivir para lo que realmente quieren hacer.

Los dos primeros siguen estando en la cresta de la ola en sus profesiones originales, pero al mismo tiempo confiesan su necesidad de realizar contribuciones que consideran meritorias sin dejar de trabajar.

Aún más admirables son esos millones y millones de personas (como tú, quizá) que contribuyen de forma anónima y cuya contribución las sostiene. Las comadronas, enfermeras y quienes trabajan en obras benéficas, por ejemplo. Y también el asesor financiero ético, el comercial que te vende un coche de segunda mano que funciona, y el maquinista de tren que hace que cientos de nosotros lleguemos puntuales al trabajo.

Si crees que a través de la labor que realizas no estás contribuyendo, y sientes la necesidad de hacerlo, cambia de trabajo o búscate alguna actividad paralela a éste que te permita contribuir. Al menos para algunos de nosotros, la sensación de contribución procede del legado creativo que dejemos a nuestro paso o de la certeza de haber mejorado la vida de alguien. Por ejemplo, un libro que hayamos escrito, algo que hayamos inventado, un descubrimiento científico o un logro político. Pero también la carretera de circunvalación contra la que hayamos protestado, el trabajo realizado de manera altruista o las donaciones hechas a alguna entidad.

Fíjate en las generaciones futuras

Saber que nuestro material genético lo heredarán nuestros hijos y nietos nos ayuda a creer que nos perpetuamos. Incluso aunque no sea del modo tangible y consciente que desearíamos, muchos de nuestros mayores aseguran que esta certeza es una de sus grandes satisfacciones. Así que trata bien a tus padres y abuelos; ¡las peleas familiares son absurdas!

¡Quizás algún día volvamos a la vida gracias a la ciencia!
Si quieres creer que hay más vida después de la muerte, pero no profesas ninguna religión, siempre puedes recurrir a la ciencia. Si consideramos que 100 es el valor de la suma de todo el posible conocimiento científico, es probable que el conocimiento actual esté por debajo del 1. Todavía sabemos poco acerca de las dimensiones temporales, la recreación genética o los miles de millones de estrellas y planetas que hay en el universo. Sabemos menos de lo que hay en el fondo del mar que de la Luna.

Evidentemente, todavía faltan un montón de cosas por descubrir, pero como cada vez son más los conocimientos que tenemos en estas materias, es posible que a lo mejor algún día volvamos a la vida. Nos queda un largo camino por recorrer para entender la verdadera naturaleza de nuestra alma, nuestro cerebro, vesícula, células, genes, mitocondria, etcétera. En cada generación ha habido figuras importantes que han afirmado que en sus campos respectivos quedaba poco por descubrir, y la generación siguiente ha puesto dichas convicciones en tela de juicio. Habrá quien se ría de los que creen en la criogenia, por ejemplo. Pero si creer en ella ayuda a aquellos que le tienen miedo a la muerte a aceptarla, por lo menos servirá para disminuir parcialmente una de sus principales ansiedades. Y, por supuesto, siempre cabe la posibilidad de que tengan razón (¿te has enterado de que no hace mucho un hombre, en su testamento, se dejó todo su dinero a sí mismo?).

Encuentra una comunidad que satisfaga tus necesidades
A excepción de los ermitaños, hasta las personas más solitarias conectan de un modo u otro con los demás. Hay lugares en los que nos sentimos especialmente cómodos (ciudades, pueblos,

aldeas, culturas y demás), así como grupos de personas cuya compañía preferimos. Esta sociabilidad hace las veces de maravilloso aislante de las inhumanas libertades calificadas por el filósofo social Jean-Jacques Rousseau como «estado de naturaleza». A diferencia de cualquier otra criatura, el ser humano tiene la capacidad de raciocinio (operar con la lógica y la razón), y ésta nos indica con qué clase de entorno preferimos mezclarnos. Lo que, combinado con nuestra necesidad de sociabilizarnos, conforma las comunidades de las que formamos parte. Sin embargo, nuestras comunidades hacen muchas más cosas aparte de proporcionarnos un motivo fundamental de supervivencia.

El reto consiste en encontrar comunidades que vibren contigo. ¿Vives donde realmente te gustaría vivir? ¿Tu círculo social está ahí «porque sí» o alimenta tus emociones de manera sustancial? ¿Qué clase de clubes, reuniones sociales y actividades de ocio te estimulan? Y, por supuesto, la comunidad también puede abarcar tu familia y allegados.

Siempre resulta útil no relacionarse únicamente con aquellas personas más parecidas a nosotros. La vida se abre y se vuelve más interesante y enriquecedora cuando estamos dispuestos a interaccionar con quienes, en apariencia, son más distintos a nosotros, pero que nos ofrecen perspectivas nuevas y potencialmente estimulantes.

Si actuamos enérgicamente en nuestras comunidades, tal vez percibamos que los miedos y las ansiedades a largo plazo como la muerte, la enfermedad, la soledad y el vacío desaparecen de nuestros pensamientos. Naturalmente, con las contribuciones que benefician tanto a nuestras comunidades como a nosotros mismos también llenamos ese vacío parcial, y no con deseos superfluos que no nos alimentan de forma significativa.

Cuando me refiero a la comunidad, lo importante no es reflexionar sólo en lo que obtenemos de ella, sino también en lo que damos. A decir verdad, en la mayoría de las situaciones cuanto más damos más recogemos, aunque ésa no debería ser la motivación principal para hacerlo.

Te vuelvo a repetir la cita de Seligman que aparece al principio del capítulo: «Una vida con sentido es aquella que va estrechamente ligada a algo más grande que nosotros; y cuanto más grande sea ese algo, más sentido tendrá nuestra vida». Esta necesidad que él identifica con una conexión con algo más grande que nosotros puede ser contemplada como una inspiración para aquellos que tienen miedos y ansiedades, sean cuales que sean.

Considérate parte de la naturaleza

La última investigación genética sugiere que, salvo un par de anomalías, todos descendemos de siete familias de la especie en desarrollo Homo Sapiens, que salieron de África hace aproximadamente 25.000 años. Considerarnos parte de una cadena de la criatura viviente más asombrosa que nuestro planeta ha visto hasta el momento y como un eslabón en la evolución hacia algo que quizá sea muy diferente a lo que somos ahora, puede darnos a todos y cada uno de nosotros el sentido vital que necesitamos.

Lo que puedes hacer

Para cada uno de los aspectos que se te ocurra que den «significado» a tu vida, piensa en otros que te hagan sentir «insignificante» y equilibren los primeros. La lista de cosas «significativas» (paternidad, trabajo, unicidad del código genético, etcétera) añade valor y sentido a la dirección que hemos elegido. La lista de cosas «insignificantes» (ser uno entre seis mil millones de personas, pertenecer a una especie transitoria de rápida evolución, una vida increíblemente corta) ejerce de valioso contrapeso de la excesiva importancia que nos damos a nosotros mismos. Intenta hacer tu propia lista equilibrada.

4. Vive con alegría, incluso en la adversidad

Es curioso que las personas que mejor se enfrentan a los desafíos son precisamente las que reaccionan con menos obviedad a dichos desafíos. A modo de ilustración explicaré unas cuantas historias.

Historia 1: Un hombre de 76 años llamado Charles se llevaba consigo a su perro siempre que salía a la calle. Solía ir a una tienda cercana y dejaba al perro fuera mientras compraba el periódico. Un buen día, Charles compró el periódico y al volver a su casa, su mujer, Margaret, le preguntó: «¿Y el perro?» Evidentemente, Charles había olvidado al perro frente a la tienda. Tenía 76 años y desde hacía un tiempo sufría algún que otro lapsus de memoria, pero la pareja, consciente de que a su avanzada edad esto era de lo más normal, decidió no darle importancia al asunto. Como mucha otra gente, podrían haberse preocupado, Charles podría haber ido al médico, y es probable que su ansiedad por el incidente hubiese acelerado cualquier signo de envejecimiento.

Historia 2: Un grupo de prisioneros, entre ellos el gran psicoterapeuta Viktor Frankl, acababa de finalizar un dura jornada de trabajo en el campo de concentración de

Auschwitz. Desnutridos, exhaustos y plagados de enfermedades, regresaron al campo conscientes de lo que les espe-
raba: una comida frugal y una nueva jornada de trabajo
duro. Pese a las tétricas condiciones, uno de los «prisioneros» fue capaz de fijarse en la maravillosa puesta de sol del
horizonte y de animar a sus compañeros a que se acercaran
a contemplarla. (¡Imagínate ser capaz de vivir esa «alegría
en la adversidad»! Acceder a esa alegría nos da una razón
para vivir.)

Historia 3: Había una mujer que padecía una enfermedad
potencialmente mortal. Pocas personas estaban al tanto de
que tenía esta enfermedad, así que cuando una de sus ami-
gas se enteró, se sorprendió porque no tenía la menor idea.
Pero entonces pensó: «¿Y cómo iba a saberlo?» El hecho de
que su amiga siguiera viviendo con humor, llena de energía
y ambición, fue suficiente para definir su actitud. Vio que su
amiga tenía una gran capacidad para divertirse y relativizar;
seguramente como resultado del desafío al que se enfrenta-
ba. La valentía de esta mujer la asombró y le recordó su propia debilidad.

Lo que puedes hacer
Es importante buscar la alegría, el placer y la satisfacción en los
momentos de adversidad y gran seriedad. Intenta aplicar alguno de los siguientes puntos:

- Encuentra la parte positiva en una mala noticia.
- Pregúntate por qué hay gente feliz y gente que no lo es.
- Mira tu mundo con realismo, no como te imaginas que es.

- Al igual que hiciera Viktor Frankl admirando la puesta de sol en Auschwitz, busca la alegría.
- Déjate embriagar por los momentos mágicos de espontaneidad: cosas sencillas como una buena comida en casa con tus amigos, reírse a carcajadas, etcétera. ¿De verdad es necesario que recoger la mesa te produzca ansiedad?
- Repítete a ti mismo que donde no hay alegría hay ansiedad. La alegría mitiga la ansiedad.
- Y por encima de todo, ¡ríete de ti mismo!

5. Concédete la libertad de elegir

El simple hecho de que como seres sociables nos organicemos implica que renunciemos a la libertad de elección absoluta en favor de otros beneficios. Obviamente, hay algunas situaciones en las que nuestra libertad se ve comprometida más allá de lo que consideramos tolerable. Puede ser la negación de libertad en nuestros empleos para hacer el trabajo que queremos hacer de la manera que queremos hacerlo, la imposición de leyes por parte de los gobiernos, que exceden lo que consideramos aceptable, o la anulación total de la libertad física. Pero sea cual sea la libertad que nos quiten, siempre hay algo que somos libres de elegir: nuestra actitud ante cada situación.

Tenemos que pensar que si, en las situaciones más adversas, hay personas capaces de hacer frente a sus circunstancias con dignidad, nosotros, que nos enfrentamos con retos relativamente menores, deberíamos poder elegir la actitud que más nos vaya a beneficiar en cada desafío.

La persona que quiera superar su ansiedad debería, pues, elegir desde la responsabilidad un enfoque positivo. Incluso quienes sufren una gran ansiedad que requiera un enfoque clínico admitirán que, aunque la ayuda y el asesoramiento de los profesionales sea crucial, hay un elemento indiscutible: la necesidad que tenemos de decidir nosotros, en último caso, qué actitud adoptamos ante los desafíos. Debemos tomar la decisión de ayudarnos a nosotros mismos para que otros puedan ayudarnos. Podemos trascender nuestro propio yo, nuestro entorno y los instintos negativos asociados a ambos simplemente eligiendo la actitud correcta.

¿Y qué conexión hay entre esto y la búsqueda de sentido? De nuevo me remito a Frankl en la siguiente cita de su libro *El hombre en busca de sentido*:

«Si [el sufrimiento] es evitable, lo lógico es eliminar su causa, pues el sufrimiento innecesario es masoquista y no heroico. Si, por el contrario, no está en tus manos cambiar una situación que te produce dolor, siempre podrás escoger la actitud con la que afrontes ese sufrimiento».

Lo que puedes hacer

Intenta esto. Todos tenemos días en los que, simplemente, estamos apáticos (sea por lo que sea). Escribe una lista de actitudes positivas y enfoques que podrías adoptar (diez, por ejemplo). Luego escoge una actitud y, te sientas como te sientas, intenta mantenerla tanto tiempo como puedas a lo largo del día.

Los demás captan nuestro estado de ánimo enseguida y actúan como espejo de nuestras actitudes. Elige una buena actitud, y el espejo te devolverá una imagen positiva, que acentuará aún más la actitud que hayas escogido.

6. Abre los ojos al mundo

Si juzgas a la gente, no tienes tiempo para amarla.

MADRE TERESA

Mediante una técnica que en libros anteriores he llamado «viaje psicológico», a la persona que padezca ansiedad tal vez le resulte útil salir de los confines de su mundo interior y viajar a otros mundos para poder darle más sentido a su vida. Esos mundos pueden ser los personales de cada uno de los seis mil millones de habitantes del planeta (según el último recuento), o los de otras culturas y subculturas. O pueden referirse a los pasatiempos, las aficiones, el deporte, la religión o la historia. En realidad, puede ser casi cualquier cosa.

La técnica consiste en construir en nuestras mentes posibilidades positivas que nos supongan un reto y en que, como le ocurre a un aventurero, por ejemplo, las cosas nuevas que visualicemos nos proporcionen energía. Se trata de hacer un esfuerzo consciente para llenar el vacío parcial con cosas estimulantes y dotarlo de nuevos y satisfactorios senderos por los que podamos avanzar y enriquecer nuestras vidas.

La mayor barrera para el viaje psicológico es que uno se diga: «Soy como soy» o «Yo sé lo que me gusta», sin darnos cuenta de que con el paso del tiempo somos perfectamente capaces de abrir nuestra mente, flexibilizándola y permitiéndonos contemplar un abanico más amplio de posibilidades cada vez que se nos plantee un reto.

¿Acaso no sería horrible ver el mundo de la misma forma a los 60 o 70 años que a los 18? Sin embargo, a mucha gente le pasa precisamente esto. Formarse una idea del mundo siendo tan joven deriva en una vida ansiosa, porque los altibajos que experimentemos harán que nuestro enfoque rígido e inflexible del mismo se tambalee. La elasticidad de la perspectiva ayuda a que cuando más lo necesitemos, el enfoque sea también elástico. Pero, sobre todo, constituye un recurso del que echar mano cuando tenemos que hacer frente al estrés de la vida moderna. Vivir con toda clase de estrés no nos hace más capaces de superarlo; en cambio, si somos capaces de evitarlo, la posibilidad de relajar la mente aumenta, con lo que es más fácil encontrar un abanico de soluciones.

Los estímulos externos nos alejan de un exagerado énfasis en nosotros mismos y en nuestros sentimientos de inadecuación, vulnerabilidad y falta de lo que consideramos (tal vez erróneamente) éxito. Para la persona proclive a sufrir ansiedad, la huida psicológica y/o física que este tipo de «viaje» mental y corporal promete puede actuar como válvula de escape de un recipiente con excesiva presión. En ocasiones necesitamos apartar la atención de nosotros mismos. Al igual que el aventurero, si queremos, podemos empezar a disfrutar de la posibilidad de viajar a paisajes vírgenes.

Lo que puedes hacer

Elige una situación que te haya causado ansiedad en el pasado o que actualmente te la produzca. Escribe cómo ves esa situación ahora mismo. A continuación adopta el punto de vista de otra persona, de alguien que conozcas o incluso de alguien famoso que no conozcas. ¿Qué pensarían en tu lugar? Deja que esta nueva perspectiva te inspire.

7. Busca sentido en la tragedia personal manifiesta

Incluso la víctima indefensa de una situación irremediable,
frente a un destino invariable es capaz de superarse a sí misma,
crecer y con ello cambiar. Es capaz de convertir una tragedia
personal en un triunfo.

VIKTOR FRANKL, *El hombre en busca de sentido*

En la actualidad, se usa la palabra «tragedia» para designar multitud de cosas, desde el fracaso deportivo de alguien a que nos roben el coche, y me parece conveniente recordar qué es realmente una tragedia. Morir «demasiado joven», las enfermedades graves, que los hijos mueran antes que los padres o pasar media vida injustamente encarcelado, son situaciones que pertenecen al reino de la verdadera tragedia. Para cualquier psicólogo, escritor o terapeuta que no haya vivido en primera persona algo así, éste es uno de los temas más difíciles de tratar. El problema aquí no es sólo la ansiedad. Los lectores que hayan vivido cualquiera de estas tragedias (y, naturalmente, mi lista no es exclusiva) habrán tenido la sensación de que, cuando falta una de las cosas que daba un valor inmediato a su presente, sus vidas carecen de futuro. Y a quien ahora mismo pase por uno de esos trances, es difícil decirle que le encuentre sentido sin que uno parezca paternalista.

Pero es *posible* encontrar un sentido, y de nuevo me remito a Viktor Frankl, que en sus escritos expresa maravillosamente cómo, al igual que hicieron otros, logró darle sentido a su vida. La historia personal de Frankl es ampliamente conocida, pero vale la pena recordarla: cuatro años en los campos de concentración de Auschwitz y Dachau, el asesinato de su mujer, su madre, su padre y su hermano, las condiciones deplorables en las que le obligaron a trabajar y presenciar la tremenda barbarie infligida a sus compañeros y, naturalmente, a su propia persona. Frankl sobrevivió y supo recoger sus experiencias en su influyente libro *Ein Psychologe erlebt das Konzentrationslager* [Un psicólogo deportado da su testimonio, publicado bajo el título *El hombre en busca de sentido*], pero dichas experiencias también se convirtieron en la esencia de sus otros escritos y enseñanzas, así como de su labor como psicoterapeuta.

Cuando parece que el futuro no nos deparará gran cosa, ¿cómo podemos encontrarle algún sentido a la vida en el presente o algún modo de establecer una relación optimista entre nuestra vida actual y lo que está por llegar? Cuando no hay ninguna expectativa de futuro, nuestro único recurso es buscar un sentido en las circunstancias que vivimos a través del coraje y la dignidad.

Pero cuando sí hay futuro o cuando las circunstancias presentes son tan intolerables que resulta difícil ver el horizonte, siempre podemos trasladarnos a un mundo de riqueza espiritual que trascienda tales circunstancias y que, independientemente de las mismas, nos ayude a encontrar un sentido. Muchos de los compañeros de campo de Frankl que sobrevivieron, encontraron ese sentido conversando con sus mujeres y seres queridos, aunque no estuviesen físicamente allí. Para Frankl equivalía a buscarse cosas por las que vivir. Su objetivo fue recrear el manuscrito de un libro (que con el tiempo se convirtió en *Ärztliche Seelsorge* [*Cura de almas médica*], traducido al inglés como *The Doctor and the Soul*), que se vio forzado a interrumpir en el campo de concentración, a pesar de que lo llevaba cosido en el forro de los pantalones. Durante un tiempo reescribió el manuscrito utilizando el material que había conseguido en el propio campo a cambio de otra cosa y trozos sueltos de papel. Se dio a sí mismo una razón para vivir (lo que podríamos llamar «un porqué»).

Pero este «porqué» no es sólo aplicable a situaciones extremas como la que vivió Frankl; todos nos buscamos constantemente «porqués». Lo que ocurre es que en las sociedades modernas estos «porqués» a menudo son tan superficiales que apenas nutren nuestro espíritu.

Lo que puedes hacer

Para aquellos que estén pasando por las trágicas circunstancias que he mencionado al principio de este apartado, tal vez las siguientes ideas les ayuden un poco:

- **Tómate tu tiempo:** En los momentos difíciles a lo mejor no somos capaces de ver la luz al final del túnel, y quizá necesitemos mucho tiempo para realizar los ajustes psicológicos precisos. Deberíamos darnos ese tiempo y admitir que los sentimientos de impotencia y desesperación son reacciones humanas de lo más naturales y normales. No te sientas culpable por necesitar «tiempo».
- **Sé realista:** Nada volverá a ser como era, pero el tiempo ayuda a aceptar las cosas. El término que ahora está de moda es «pasar página», pero no se trata de eso. La puerta del pasado nunca se «cierra», ni tampoco tiene por qué; pero podemos tener más de una puerta abierta a la vez.
- **Da pequeños pasos:** No intentes reponerte más deprisa de lo que puedas. Siempre que pases por un momento personal complicado, procura pensar qué primer paso podrías dar para avanzar. El paso más pequeño imaginable consti-

tuye el primer movimiento positivo. Nos coloca en la dirección correcta, aunque el viaje pueda ser lento.

• **Recuerda que hay muchas formas de comunicarse con un ser querido:** Cuando perdemos aquello que daba sentido a nuestras vidas, y el amor auténtico es, sin duda, una de esas cosas, podemos usar a la persona amada como un punto de apoyo crucial en el futuro. Para ilustrarlo explicaré a continuación una historia conmovedora:

Una conocida mía que se fue a recorrer Australia con una mochila a cuestas, se cruzó con una mujer inglesa de unos sesenta y pico años. Pasó las dos semanas siguientes con ella y poco a poco se fue enterando de su vida. Su marido había fallecido dos años antes, con lo que se había visto obligada a replantearse su vida y lo que quería hacer con el tiempo que le quedara. Un buen día reunió a toda su familia y les dijo que iba a pasar los cuatro próximos años viajando por el mundo. Les pidió que no se preocuparan, que se tomaría las cosas con calma y volvería a verlos regularmente, pero que si a alguno le apetecía reunirse con ella en cualquier momento del viaje y compartir su experiencia, sería bienvenido. Y añadió que, aunque su marido había muerto, se cuidaría de «llevárselo consigo».

Lo que más me llamó la atención de esta mujer es que en vida de su marido no necesitara hacer este viaje, y a su muerte eso se convirtiera en un deseo imperioso. También hay otros aspectos de la historia que despertaron mi interés y pueden ser útiles en otras circunstancias además del duelo. El primero fue que en ocasiones tenemos que hacer un cambio en nuestras vidas para encontrar la manera de aceptar lo sucedido, aunque eso no significa que tengamos que borrar los recuerdos. El segundo fue que, pese a que la búsqueda de la felicidad en la adversidad requiere pensar en «uno mismo», el hecho de que esta mujer se hubiese tomado el tiempo de tranquilizar a su familia quiere decir que estaba en completa sintonía con las emociones ajenas. De no haber preparado el terreno de antemano con respecto a la inquietud de su familia, ¿habría podido disfrutar tanto del viaje? Una de las cosas que he observado en quienes han pasado por un trance es que con frecuencia su empatía aumenta. Lo cual es una cualidad emocional poderosa y admirable.

El tercer aspecto que me sorprendió de la historia fue que me recordó algo que para mí es importante, y que otras personas me aseguran que para ellos también lo es. Y es que desde la juventud, en algún momento hemos experimentado la sensación de que hay algo que debemos hacer antes de morir. Naturalmente, en la adolescencia esa idea ni se nos pasa por la cabeza, pero a medida que vemos que nuestra vida se acelera, la necesidad de hacer aquello que nos llama a gritos se incrementa. Estoy hablando a un nivel filosófico, pero muchos de nosotros tenemos una voz interior que nos dice cosas de nosotros mismos. Esta «llamada» puede estar relacionada con el trabajo, nuestras aficiones, la familia o, en el caso de nuestra viuda viajera, con una curiosidad por el mundo que precisaba ser satisfecha y que la ayudó a superar el duelo.

Si tuviera que poner otro ejemplo de «llamada» interior en medio de la adversidad, sería la extraordinaria reacción de Colin Parry cuando su hijo Tim, de 12 años, fue asesinado por el IRA en Warrington, Reino Unido, en 1993. Su bondad y la campaña que inició sumado a su dignidad en el sufrimiento son estimulantes.

8. Recuerda que todo ocurre por algún motivo, pero hay que querer encontrarlo

Es por todos conocido el inmenso éxito que cosechó Winston Churchill como líder político en la Segunda Guerra Mundial. Pero seguro que mucha gente no estará al tanto de sus largos periodos depresivos (lo que él denominaba su *black dog*), sus fracasos políticos (Gallípoli, Turquía), sus graves enfermedades (incluida una arriesgada operación para la época) y los años de aislamiento político que sufrió. Es posible que Churchill fuese un bulldog, pero un bulldog ansioso y sensible. No tuvo ningún reparo en llorar en una época en la que los hombres no lloraban, y tal vez consideró que con su lucha plantó las semillas de una vida, en conjunto, satisfactoria. Suficientemente satisfactoria tuvo que ser para que en su lecho de muerte dijera: «Estoy contento».

Sigmund Freud creía que los obstáculos que la vida pone en nuestro camino son un requisito indispensable para una satisfacción a largo plazo. Necesitamos experiencias contrapuestas y emociones para que nuestras vidas tengan sentido. Cuando pasamos dificultades es importante desmembrarlas en distintas partes: aquellas que controlamos y sobre las que podemos influir y aquellas que no. Si conseguimos darle un sentido al «obstáculo», pensando que a lo mejor está ahí por alguna razón, podremos compartimentar mejor o prescindir de lo que no podemos controlar y así centrar nuestra energía en las partes del «obstáculo» que sí podemos controlar.

El Dalai Lama cree que nos pasamos la mayor parte de nuestras vidas explorando posibilidades. Pero dice que esas posibilidades no siempre nos proporcionan experiencias felices (por ejemplo, podemos elegir un trabajo inadecuado o equivocarnos de pareja). Según las enseñanzas budistas, la exploración de posibilidades puede conducirnos hasta un punto tal en que sintamos la «llamada» y entonces, si así lo deseamos, empezaremos a descubrir el sentido de todos los obstáculos con los que hayamos topado a lo largo del camino.

Las personas que, por ejemplo, sufren ansiedad debido a su trabajo tienen ante sí un importante reto. Si no tienes el trabajo adecuado, lo más lógico sería que cambiaras de trabajo. Pero, sin duda, hay formas y formas de buscar otro empleo y de analizar el descontento que sientes. Si ésta es tu situación, y supongo que será la de muchos lectores, deberías hacerte dos preguntas:

- **¿Es mi jefe el problema? ¿Estoy en una mala empresa, por la razón que sea?**
  Piensa en ello detenidamente. A menos que des por sentado que todos los jefes son malos, ¿qué hace que el tuyo sea especialmente peor que otros? ¿O peor que otro jefe de tu mismo campo?
- **¿Es mi actitud el problema?**
  De nuevo, piensa detenidamente. Ir a cualquier trabajo con una actitud negativa, incluso aunque estuviera justificada, generará justo las circunstancias que temes. Si sólo te fijas en lo malo, es posible que no puedas ver lo bueno.

Lo que puedes hacer

Al final del capítulo anterior hemos visto el valor que tienen las experiencias como método de aprendizaje. Si crees que las cosas ocurren por algún motivo, averigua ese motivo y luego reflexiona en lo que has aprendido de la experiencia. Quizá retengas mejor la conclusión que saques escribiéndola que, simplemente, pensándola.

9. Repite: puedo *sentirme mejor*

El gran psicoterapeuta francés Emile Coué fue el precursor de una técnica conocida como «optimismo de autosugestión», que ha inspirado muchos de los escritos realizados hasta la fecha en el campo de la conocida psicología positiva. Coué estaba convencido de que repitiendo continuamente mantras positivos y no pensando demasiado en los problemas que tenemos, podemos adoptar la actitud mental necesaria para creer que lo expresado en ese mantra sucederá. (O por lo menos aumentamos las posibilidades de que así sea.) Suele ocurrir en el deporte profesional: antes de empezar la carrera olímpica de los 100 metros lisos, los corredores repiten para sus adentros que van a ganar, y se lo creen tanto que acaban casi hipnotizados.

Coué basó su trabajo en un descubrimiento que había hecho al principio de su carrera. Una vez que administraba un tratamiento a un grupo de personas enfermas, a algunas de ellas les habló de forma muy positiva sobre la medicina en cuestión. Al resto no les dijo nada. En el momento de evaluar el grado de recuperación, pronto detectó que se recuperaban más deprisa las personas a las que les había dicho cosas positivas del medicamento. Incluso hoy en día se oyen casos similares. Si se les dice a una serie de personas que el medicamento que toman para su enfermedad es fantástico (aunque no sirva para nada), un número sorprendentemente alto de ellas se lo creerá y empezará a curarse gracias al positivismo de autosugestión.

El mantra que Coué ideó en relación con la enfermedad fue: «Cada día, en todos los sentidos, me siento mejor y mejor». Lo que funciona para la enfermedad también vale para la ansiedad, y más especialmente para las causas de esa ansiedad, sean cuales sean.

Cuando nos enfrentamos con situaciones personales muy difíciles jamás deberíamos subestimar la increíble capacidad que tenemos para crear las circunstancias positivas que hemos visualizado.

Algunos aseguran que esto pertenece realmente al campo de la curandería, y por lo menos Martin Seligman se muestra crítico con este enfoque. Es posible que esas personas tengan razón (para ellas, naturalmente, se trata de una seudoprofecía, cuyo cumplimiento se realiza en la medida en que creemos en ella), pero bien pensado, se la llame como se la llame, es evidente que la teoría es efectiva para mucha gente que pasa por circunstancias que generan una gran ansiedad (desde el duelo y la enfermedad hasta el deporte y los obstáculos profesionales).

Lo que puedes hacer

Este enfoque tiene su origen en la manera como vemos el futuro y en cómo aprendemos a contemplarlo con optimismo. Según el gran psicólogo contemporáneo Martin Seligman, el optimismo se puede aprender. (Para más información consultar su libro titulado *Learned Optimism: How to Change Your Mind and Your Life* [Aprender a ser optimistas: Cómo cambiar tu mente y tu vida].)

Seligman propone un enfoque ABCDE de cinco pasos para ayudarnos a ser más optimistas respecto a situaciones que nos hayan producido ansiedad u otras a las que estemos a punto de hacer frente, y que también nos la produzcan:

A = *Adversity* (adversidad)
B = *Beliefs* (creencias)
C = *Consequences* (consecuencias)
D = *Disputation* (oposición)
E = *Energization* (energizar)

El primer paso es anotar la situación **adversa** que has experimentado. A continuación escribe las razones o características que **crees** que han provocado esa situación específica. La fase siguiente consiste en examinar algunas de las **consecuencias** de esas características concretas. Esto es especialmente importante en el tema de la ansiedad, porque es posible que las consecuencias eviten situaciones parecidas en el futuro en las que la ansiedad se deba a circunstancias recurrentes. (Tal vez interrumpamos una actividad en mitad del proceso. Las ansiedades y los miedos pueden ser paralizantes, si decidimos no volver a hacer frente a situaciones similares en el futuro, sobre todo si se trata de situaciones ciertamente comunes de la vida cotidiana.) Después hay que poner en entredicho (**oponerse**) las ideas preconcebidas que tienes acerca de dichas ansiedades y preguntarte:

- ¿Está realmente justificada mi reacción (las consecuencias)?
- ¿Mis creencias son reales, imaginarias, o están basadas en medias verdades?
- ¿Por qué me aferro tanto a las creencias negativas cuando me hacen daño?
- ¿Estoy creando las mismas circunstancias que desearía evitar? ¿La seudoprofecía a cuyo cumplimiento contribuimos con todas nuestras fuerzas?
- Si mi experiencia ha sido real y está justificada, ¿qué medidas podría adoptar la próxima vez para reducir las posibilidades de que vuelva a repetirse?
- ¿De qué puntos fuertes puedo echar mano para incrementar mis oportunidades de éxito?

Después de la oposición llegamos a la fase de **energizar**. Tras haber identificado las medidas positivas que adoptar, el siguiente paso es ponerlas en práctica. Usaremos este mecanismo de forma práctica en el capítulo que lleva por título: «Trabajo: ¿Por qué se ha convertido en mi vida?», aplicándolo al miedo que produce ansiedad a la hora de hacer una presentación.

Elabora tu propia ficha ABCDE para aquellas situaciones adversas a las que hayas tenido que hacer frente utilizando esta plantilla:

A Adversidad	
B Creencias («Beliefs»)	
C Consecuencias	
D Oposición («Disputation»)	
E Energizar	

Es preciso resaltar que el pesimismo también puede utilizarse como arma positiva contra la ansiedad. En numerosos casos nuestro pesimismo y la ansiedad que éste genera están justificados. A modo de ilustración: muchos de nosotros hemos pasado por dificultades económicas en la vida y, en consecuencia, habremos contemplado el futuro con cierto pesimismo. Nos produce ansiedad poder pagar la comida y la ropa, salir a tomar una copa con los amigos (cuando realmente no nos lo podemos permitir), o incluso concedernos algún capricho. ¿Cómo reaccionamos ante un enfoque pesimista? Pues bien, podemos simplemente aceptarlo como algo que nos toca vivir, o decirnos a nosotros mismos que haremos lo posible para evitar las circunstancias pesimistas que visualizamos emprendiendo acciones positivas (como coger un trabajo extra, buscar uno nuevo y mejor remunerado, reducir los gastos, o hacer añicos las tarjetas de crédito y de los grandes almacenes ¡e incinerarlas solemnemente!).

10. Sobrevivir puede proporcionar satisfacción

El sentido de la supervivencia

¡De modo que Bill Bryson tenía razón en lo que decía de los líquenes! Mucha gente encuentra en la supervivencia todo el sentido que necesita. Los lectores de la India conocen perfectamente las enormes diferencias económicas que existen entre la opulenta clase media de Bangalore y Mumbai, y la tremenda pobreza que se extiende por este emergente gigante económico. Los lectores de Río de Janeiro seguramente serán conscientes de la yuxtaposición que hay entre los ricos y las favelas. Pero la supervivencia, y el sentido que a ella atribuimos, pueden darse en lugares previamente prósperos que han conocido la marginación tras una guerra, como Kosovo. De hecho, pocos recuerdan que el Líbano, y Beirut en particular, en su día fueron paraísos de placer. Hay muchas personas en el mundo (entre ellas muchos lectores potenciales de este libro) que han conocido en primera persona el paso de una vida cómoda y llena de significado a otra en la que el sentido está en la lucha por la supervivencia.

El sentido vital puede surgir a través de la supervivencia. En realidad, es lo que se han visto obligadas a hacer muchísimas personas. Pero esa supervivencia puede llevarse a cabo con dignidad, desde la preocupación por el prójimo, la ética y el deseo de darse a los demás. Tal vez pienses: ¡qué fácil es decir algo así para un escritor inglés de clase media, que vive cómodamente en un rincón del suroeste francés! Pero después de haber visto cómo muchos kosovares (aunque no todos), por ejemplo, están intentando reconstruir su país, no me cabe ninguna duda de que sus vidas tienen tanto sentido como las de los lectores del Reino Unido, Australia o Alemania.

La longevidad es deseable, si tenemos en cuenta las experiencias que puede proporcionarle a una persona. En cierta ocasión, estaba yo subido en un camión recorriendo durante lo que me parecieron horas las deplorables carreteras del antiguo estado soviético de Georgia, y me pregunté qué era lo que hacía que aquellos viejos campesinos siguieran adelante. La respuesta es que para ellos sus vidas probablemente tienen tanto sentido como las nuestras. Me equivoqué al juzgarlos a partir de mis condicionamientos culturales.

Así que, ¿cuál de los monstruos de la psicología que he incluido en este capítulo tenía razón? A los teóricos se les da muy bien hablar del sentido vital y de su importancia, pero quizá sea un factor motivador entre aquellos que raramente tienen contacto con los millones de personas para los que ver por las noches un capítulo de alguna telenovela es crucial. A lo mejor a veces vale la pena simplemente disfrutar el aquí y el ahora, como el campesino de Georgia y el espectador de la telenovela. A veces. Pero quizá no durante todo el tiempo.

¿Podemos conseguir la felicidad auténtica?
En mi opinión, lo que perseguimos por encima de todo es algún tipo de felicidad o satisfacción, y como queremos que esa «feli-

cidad» sea inmediata y cada vez mayor, nos engañamos a nosotros mismos creyendo que muchas de las cosas que metemos en el vacío parcial llenarán el espacio libre y crearán esa felicidad. La felicidad puede darle sentido a nuestras vidas. En el pasado, muchos de nosotros habríamos vivido un abanico de experiencias emocionales mayor que el que vivimos en la actualidad (mortalidad infantil, la amenaza de enfermar, la lucha por encontrar comida, vestirnos y buscar el cobijo adecuado, etcétera), y en él habríamos encontrado todo el sentido deseado. Sobrevivir ya era un gran éxito. La lucha por la supervivencia llenaba el posible vacío.

Hoy en día es mucho más probable que vivamos más años, pero como deseamos una vida que tenga algún sentido más allá de la simple lucha por la vida, buscamos una satisfacción mayor: la felicidad. Cuando leo encuestas que revelan que la gente cree que la década de 1950 fue un «tiempo feliz», me pregunto si acaso fueron unos años más sencillos, de posguerra, cuando el hecho de haber sobrevivido y de que se hubiesen logrado ciertos avances materiales bastaba para ser feliz. Es un tema que analizaré en el último capítulo.

Lo que puedes hacer

A veces no sabemos lo bueno que es algo hasta que lo perdemos (sobre todo si se trata de algo sencillo). ¿Podrías escribir una lista de las cosas que das por sentadas, pero sin las que serías menos feliz? Imagínate que no las tuvieras. ¿Cómo crees que te sentirías?

Procura no dar por sentadas las cosas sencillas, pero que a menudo no valoramos y que nos satisfacen y añaden valor a nuestras vidas.

3

CONSUMO:

¿Para qué necesito tantas cosas?

Cuanto más como, más vacío me siento.

Las sociedades posindustriales modernas no están «enfermas», como algunos profetas del juicio final sugieren. Pero está claro que una de las causas principales de la ansiedad infundada es que hemos elegido llenar los vacíos existenciales de nuestras vidas con cosas que les añaden poco valor o significado (véase capítulo anterior). En este capítulo exploraremos una de esas «cosas»: la necesidad de consumir. Pocos se atreverán a negar que consumimos en exceso. Nuestras vidas están llenas de «cosas»; algunas importantes y otras menos. Evidentemente, si todas esas «cosas» nos hicieran felices o aumentaran el valor de nuestras vidas, la necesidad de consumo excesivo tendría un propósito.

Sin embargo, la ansiedad que nos creamos a nosotros mismos por la necesidad de consumir es, en su mayor parte, autoinfligida (si bien es cierto que en el día a día vivimos bajo una gran presión que nos insta a consumir más). De hecho, la epidemia se ha extendido hasta tal punto, que todas las personas, excepto las más fuertes, se han convertido en víctimas de las sensaciones de inadecuación y bajo estatus si no se someten a los convencionalismos consumistas de las economías posindustriales de las que forman parte.

En este capítulo veremos cuatro ejemplos de la clase de problemas a los que tenemos que hacer frente. Afortunadamente, hay numerosas acciones positivas a las que podemos recurrir y que nos llevarán en una dirección más racional y consciente. Dichas soluciones aparecen a continuación de los cuatro problemas que planteo.

Primer problema: El «delirio de comprar»

En los albores del siglo XXI a muchos se nos juzga por nuestras elecciones de compra. Y no sólo eso, muchos nos definimos en función de dichas elecciones. El deseo de tener más y de trabajar más para poder tener aún más ha alcanzado unas dimensiones de locura. Para poner un ejemplo, aunque extremo, de cómo este deseo de tener y consumir ha superado el pensamiento racional, explicaré la historia de la tremenda pelea que tuvo lugar en la reciente apertura de una tienda de Ikea en Edmonton, Inglaterra.

Las miles de personas que a medianoche esperaban la apertura de la tienda para llevarse las mejores gangas entraron en el local a la hora mágica. (Una persona había incluso recorrido más de 300 kilómetros desde Birmingham para asegurarse un sofá por valor de 40 libras esterlinas [60 euros].) Entonces empezaron las peleas para ver quién se llevaba qué; de hecho, los conflictos comenzaron incluso antes de que se abrieran las puertas de la tienda. De algún modo, la prensa, al relatar el incidente, tergiversó la historia y determinó que Ikea no había puesto suficientes vigilantes de seguridad en la entrada; como si la violenta muchedumbre no fuese responsable de sus propios actos.

Imagina la creciente ansiedad de los clientes que se ponen nerviosos ante el delirio y el «horror» potencial de ver peligrar sus ansiadas adquisiciones. E imagínate la escena en sí, el aumento de la presión sanguínea, la pérdida total de la razón y la perspectiva, y el riesgo de daños físicos. Quizá podamos comprender el alboroto que causa un camión cargado de alimentos cuando llega a un país africano devastado por el hambre. ¿Pero en el quinto país más rico del mundo? El hombre siempre ha luchado por las necesidades básicas (y tal vez volvería a hacerlo si el agua escaseara), pero pelearse por cosas superfluas es algo nuevo. Sin embargo, esa noche el «delirio de consumir» como instinto evidenció su peor manifestación.

Segundo problema: Soy lo que consumo

En su libro *Liquid Life* [*Vida líquida*], el sociólogo Zygmunt Bauman plasma a la perfección el espíritu de la época cuando habla de nuestra necesidad de consumir: «Ahora como en el pasado el ser humano es consumidor, y su preocupación por el consumo no es nada nueva». Pero advierte de que el problema, y quizás uno de los grandes cambios acaecido en este último siglo, es una sociedad que hoy en día «(juzga) a sus miembros primordialmente, e incluso exclusivamente, como consumidores», y «los juzga y evalúa sobre todo por sus capacidades y su conducta relativas al consumo».

Bauman sugiere que en el presente se nos define en función de nuestra elección de compra. Y yo añadiría que el exagerado lenguaje que usamos en relación con nuestras opciones de compra potenciales determina cómo ha cambiado nuestra escala de prioridades. Por ejemplo, muy pocos equipararían la palabra «amor» con unas baldosas para la pared, pero no hace mucho vi cómo una decoradora la utilizaba en una revista de decoración al declarar que estaba «enamorada» de unas baldosas para el baño que, simplemente, tenía que comprar. Cuando asustamos a nuestros hijos con presuntos «monstruos en la bañera» o que «vendrá el coco y te comerá», ¿acaso es de extrañar que con el tiempo también nos creemos un montón de falsas ansiedades basadas en «demonios» domésticos escondidos en cualquier rincón de la casa y para los que debemos encontrar una «solución»?

Tercer problema: La generación de información; «lo bueno, lo malo y lo feo»

Ya falta poco para el bombazo. Los neurocientíficos de la Universidad de California en Los Ángeles (UCLA) están a punto de completar un atlas del cerebro humano. El proceso se conoce como neuroimagen, y la investigación ha empezado a desvelar por qué el sistema límbico, responsable de las «emociones», a menudo anula nuestro lado racional cuando tomamos decisiones. La neuroimagen ya se está empezando a extender a la «neuroeconomía», donde las empresas podrán determinar qué nos impulsa a comprar un coche concreto o decidir lo que vamos a comer (cosa que, naturalmente, sólo es significativa para aquellas partes de la población mundial que pueden permitirse el lujo de tener un coche o elegir qué van a comer).

Y son precisamente estas elecciones las que nos colocan en una encrucijada. Al parecer, por lo menos en lo que concierne al consumidor medio, el progreso tiene dos caras: una que podríamos etiquetar como «muy valiosa», y la otra que podría llamarse «abuso». Los avances tecnológicos nos ayudarán a escudriñar nuestros cerebros, pero también permitirán que otros lo hagan.

Cartografiar el cerebro humano nos ayudará a entender muchos de los aspectos más importantes de la salud mental (pero lo curioso es que cuanto más sabemos sobre el tema, más personas hay con aparentes problemas de salud mental). Tal vez con la tecnología podamos comprender mejor nuestro funcionamiento interno, pero la estamos utilizando de tal manera que produce el efecto contrario. El estamento médico se muestra eufórico ante este avance, y no es para menos. Pero igual de eufórica está la industria publicitaria, porque vislumbra el momento en que pueda dirigir la publicidad a determinadas partes del cerebro propensas a la toma de decisiones emocionales y menos racionales en lo que al consumo se refiere. Incluso es posible que veamos anuncios hechos a medida y dirigidos a grupos muy pequeños de gente, o incluso a individuos.

Siempre se ha dicho que los avances informáticos y de Internet (que para mí sigue siendo el mayor invento que he vivido) nos permitirían saber mucho más acerca de nuestro mundo y en particular acerca de quienes nos gobiernan. Pero eso también implica que «ellos» pueden observarnos a «nosotros». Por poner un ejemplo: cuando mi correctora me envió por correo electrónico la primera corrección de mi último libro, usó la función de «control de cambios» de Microsoft Word para que yo pudiera ver claramente lo que había modificado, lo que había suprimido y demás. Pero asimismo pude ver exactamente qué día y a qué hora había realizado cada cambio. Si hubiera querido, habría podido detectar sus descansos de una hora (quizá para comer) y deducir lo que hacía cada vez que interrumpía durante 20 minutos la corrección. Entonces se me ocurrió que, dentro de muy poco, en lugar de conjeturar, podré *saber* hasta lo que mi correctora hace cuando no trabaja.

Con todo lo que trabajamos, navegamos y descubrimos por Internet, y ahora que hay tantas cosas monitorizadas, muy pronto seremos bombardeados por llamadas y anuncios publicitarios hechos a medida para que consumamos muy por encima de lo que en este momento somos capaces de imaginarnos. Esto no ha hecho más que empezar. Lo que a la siguiente generación le parecerá normal, a ésta le parece horrible.

Cuarto problema: ¿Consumo es sinónimo de progreso?

En *Affluenza: The all-consuming epidemic*, el escritor John De Graaf habla de las experiencias vividas por el antropólogo Allen Johnson al volver a Los Ángeles después de haber estado estudiando a la tribu machiguenga, cazadores y recolectores de la selva amazónica de Perú. A su regreso, Johnson recuerda haber caminado por el pasillo de un supermercado repleto de cajas con distintos tipos de harinas para pastel y preguntarse si a eso realmente se le podía llamar progreso.

La solución

Algunos de nosotros sufrimos ansiedad, si no tenemos aquello que anhelamos o el dinero para pagarlo, y si no estimulamos nuestra mente, que no ve más allá de la necesidad de poseer. Para muchos de nosotros el problema de consumir en exceso puede obstaculizar una existencia verdaderamente significativa. Así pues, ¿qué pasos podríamos dar para controlar nuestros gastos y hábitos de consumo? ¿Cómo podemos superar personalmente algunos de los problemas planteados en este capítulo? A continuación te propongo cuatro formas de control que tal vez te apetezca tener en cuenta.

1. Pregúntate: ¿puedo realmente elegir?

El disc-jockey, periodista y gurú del estilo Robert Elms escribió recientemente un divertido artículo en la revista *GQ*, donde explicaba los motivos por los que no tenía teléfono móvil. Decía que, por ejemplo, cuando come con un amigo, está haciendo precisamente eso; no está «en el despacho». Para él, el móvil es una especie de «instrumento de rastreo personal», que permite que, estés donde estés, todo el mundo te localice y averigüe lo que estás haciendo. Al parecer, no hay escapatoria, a menos que uno haga un esfuerzo muy consciente. No es inusual ver a un grupo de amigos tomando algo en un bar y que todos estén enviando mensajes de texto a otras personas de fuera del grupo. Naturalmente, la comunicación entre ellos no es de ningún modo significativa.

Para Robert Elms no tener un móvil es un desafío. Yo mismo probé a vivir sin uno durante seis meses hasta que empecé a darme cuenta de que podía quedarme sin trabajo (un factor crucial cuando uno trabaja por cuenta propia). Tuve la sensación de que un par de clientes habían puesto en entredicho mi credibilidad por no tener móvil y decidí volver al siglo XXI y comprármelo (aunque elegí uno que no hiciese fotos, no enviase *e-mails*, etcétera).

Es tal la presión para que nos sometamos a los convencionalismos y a la moda, que puede parecernos perjudicial no tener móvil. Robert Elms es un buen profesional en su campo y probablemente sus amigos y colegas consideran su opción una excentricidad fascinante de su personalidad. Pero para los que todavía no han encontrado su camino en la vida o que tienen falta de confianza en sí mismos, esto es mucho más difícil de hacer. Es mucho más complicado decidir cuánta parafernalia necesitamos para vivir cuando tenemos la sensación de que, como resultado, es posible que salgamos perdiendo.

Está claro que tener o no un teléfono móvil no es un terror consumista, pero sí lo es la presión de adquirir un montón de objetos superfluos. La pregunta que nos tenemos que hacer es si realmente necesitamos tantas cosas.

Lo que puedes hacer

Siempre podemos elegir. Hazte las siguientes preguntas y responde con sinceridad: «¿Hasta qué punto necesito o quiero de verdad esto o lo otro?», «¿Es la presión la que me influye y hace que desee comprar cosas?», «¿Estoy comprando esto porque hay un montón de anuncios sugerentes que me llevan a creer que no formaré parte del género humano, a menos que lo tenga?»; y la pregunta más importante: «¿Cómo lo pagaré?». ¿Con tarjeta de crédito o de débito?

2. Elimina la basura

¿Te has fijado alguna vez en los ingredientes de una caja de cereales de desayuno? Según los fabricantes, los cereales contienen cosas maravillosas como tiamina, riboflavina, ácido fólico y una interminable lista de vitaminas. Pero si seguimos leyendo veremos que también contienen entre un 30 a 40 por ciento de azúcar, un montón de sal y, naturalmente, han sido altamente procesados. Muchos cereales de desayuno son un montón de porquerías camufladas con algunas otras cosas que nos proporcionan la sensación de que estamos ingiriendo un producto saludable.

Pero el peligro está, y utilizaré el ejemplo como metáfora de la vida, en que ese argumento nos sirve de antídoto o aliviador de la conciencia contra esa basura; «como hoy ya he tomado mi ración de alimentos sanos, ahora puedo darme los caprichos que quiera». Pero lo que nunca hacemos es centrarnos en la basura que hay en nuestras vidas, llámesele comida o las cosas superfluas que compramos para sentirnos mejor. En realidad, la búsqueda de estas gratificaciones instantáneas puede ser placentera y, ocasionalmente, saludable, pero la asiduidad de las mismas conlleva su propia problemática.

Estos estallidos de placer son, sin duda, perecederos incluso de una hora a la siguiente, y nos encontramos a nosotros mismos necesitando otra inyección de satisfacción instantánea que nos devuelva (en el contexto de nuestras vidas) a la excitación momentánea recién experimentada. Es un poco como la euforia ligera que sentimos después de beber dos copas de vino. Queremos que dure y por eso bebemos otra copa, pero como el efecto no es exactamente el mismo, continuamos bebiendo. La sensa-

ción original se vuelve escurridiza porque carece de profundidad o durabilidad.

Tal vez algunos argumenten que lo que les da placer es lo
que los hace felices, pero quizá convenga distinguir entre dos tipos de placer. El placer de ver cómo los hijos y los nietos crecen
y encuentran su camino en la vida es un placer duradero y a largo plazo; en cambio, una cita de una noche con la promesa (raras veces cumplida) de un encuentro sexual de vértigo gira en
torno a la búsqueda de placer inmediato. Esto último también
tiene sus ventajas, pero es probable que sean efímeras y a corto
plazo. Para quienes buscan con frecuencia esta clase de citas, el
sexo en sí se ha convertido casi en una droga. A lo mejor al principio es fantástico, pero a más repeticiones peor es su calidad.
Llegados a ese punto, la gente suele jugar a la lotería: como saben que cada cierto tiempo la experiencia es gratificante, siguen
jugando hasta que cantan «bingo sexual».

Lo que puedes hacer

¡No estoy haciendo ningún llamamiento a un nuevo estilo de
vida puritano! Los impulsos y la gratuidad pueden tener beneficios psicológicos, si no se abusa de ellos. Pero para muchas
personas constituyen la única manera de darle más sentido a sus
vidas. Como ya hemos visto en el capítulo anterior, Freud creía
que la «voluntad de placer» es una fuerza psicológica impulsora
de gran poder, pero todos somos lo bastante inteligentes como
para saber que una vida basada únicamente en el placer gratuito generará un vacío emocional y espiritual.

Asimismo eres bastante inteligente como para aprender a
disfrutar de los impulsos sin convertirte en su esclavo. Procura
encontrar otras cosas que te llenen emocional y espiritualmente.

3. ¡No te creas todo lo que lees!

En el espacio de tres meses, un mismo periódico de tirada nacional del Reino Unido publicó artículos sobre todos los temas siguientes:

- El divorcio, teñirse el pelo, tener los pechos grandes, trabajar muchas horas al día y dormir con la luz encendida puede causar afecciones cardíacas.
- El cáncer se puede prevenir comiendo tomates, setas, chucrut [col fermentada] y huevos, tomando ácido fólico, teniendo un perro, o bebiendo té de hierbas y zumo de granada.
- Tomar el sol puede tanto provocar como prevenir el cáncer.
- Las mamografías pueden tanto provocar como prevenir el cáncer.
- El curry puede ayudar a prevenir el Alzheimer.
- Las espinacas son el secreto para mantenerse delgado.
- Los huevos son el último «superalimento».

Esto no es más que un resumen de algunos de los artículos sobre «salud» que aparecen en muchas publicaciones (no se trata aquí de revelar el periódico que los publicó), y es un ejemplo del implacable arsenal de mensajes confusos a que estamos expuestos a diario.

No es de extrañar que estemos ansiosos. ¿Cómo puede sentirse una mujer que se tiene que hacer una mamografía? ¿O los lectores de ese periódico que pretendan irse de vacaciones a la playa? ¿Habrá gente que beba más zumo de granada del recomendable o tome curry cada noche a raíz de lo que ha leído? Seguro que sí.

Lo que puedes hacer

Los gurús del pensamiento positivo creen que el escepticismo no es un estado mental saludable. Pero en un mundo donde recibimos tal cantidad de mensajes confusos y sensacionalistas acerca de nuestro bienestar, una dosis sana de escepticismo te resultará muy útil. Si un estudio te sugiere que tomes una dirección determinada que te parece interesante, primero averigua quién lo ha financiado. Si un artículo recomienda un cambio de conducta que tal vez te apetezca adoptar, lee algún argumento en contra y encuentra tu propio punto medio.

Naturalmente, muchas de esas alarmas son infundadas, pero de repente aparece algo que sí puede mejorar nuestras vidas. La mejor medida es suprimir los impulsos e informarse mejor antes de realizar cualquier cambio significativo en nuestro estilo de vida.

4. Ejerce el autocontrol en lo relativo al dinero

Una de las muchas desventajas de la fiebre consumista es el alto grado de deuda personal que hemos contraído. Los viejos estigmas de estar en la bancarrota y tener deudas van desapareciendo poco a poco ante la llegada de una nueva época en que deber decenas de miles de libras (euros o dólares) está socialmente aceptado siempre y cuando el valor de la vivienda cubra más o menos la propia deuda. Pero lo cierto es que no es bueno tener un montón de tarjetas de crédito y de grandes almacenes, y préstamos que nos cuesta devolver. La ansiedad por la economía personal es una plaga tremenda que afecta a la salud y el bienestar de muchos ciudadanos de las economías posindustriales.

Lo que puedes hacer

Para administrar el dinero es necesario ejercer CONTROL (una de las siete «c» cruciales). Y controlamos sólo cuando hemos aprendido con éxito a «desprendernos» psicológicamente de aquellas cosas que no podemos controlar y a enfocar de manera positiva lo que sí podemos controlar. Hay un sinfín de sistemas para controlar el manejo del dinero que no eliminarán por completo el placer que nos produce un consumo saludable (tampoco hace falta ser un aguafiestas), pero que nos permitirán ejercer control sobre nuestras circunstancias económicas personales:

- Elabora presupuestos semanales y mensuales, y haz un cálculo realista de lo que puedes gastarte en caprichos y en ocio (si es que puedes).
- Repítete a ti mismo que comprarás únicamente lo que puedas permitirte comprar.
- Plantéate reservar cada mes un pellizco de dinero para imprevistos. Cuando acabe el año, si la hucha ha crecido, puedes seguir ahorrando, o destinarlo a extras. (La alegría que da comprarse una cosa después de haber estado ahorrando suele superar a la que sentimos comprando un capricho que aumenta nuestras deudas.)
- Piensa en tener sólo una tarjeta de débito. Te proporciona la misma flexibilidad que una tarjeta de crédito, pero sin necesidad de que aumente la deuda.

- Si has de usar una tarjeta de crédito, paga cada mes lo que debes. Si hacerlo te supone un esfuerzo, corta la tarjeta por la mitad: no te la puedes permitir; así de sencillo.
- Incinera ceremoniosamente todas las ofertas de tarjetas de crédito que te lleguen por correo como un recordatorio simbólico del peligro que corres incrementando tu deuda.

Más adelante, en el capítulo 5, que analiza la ansiedad en el trabajo, veremos cómo crear una serie de «afirmaciones escudo» que te den seguridad y reduzcan la posibilidad de que ocurran circunstancias generadoras de ansiedad. Las afirmaciones escudo ayudan a retener o recuperar el control cuando creemos que lo estamos perdiendo. Este escudo también puede servirnos para otros ámbitos de nuestras vidas. Si, por ejemplo, se nos da mal administrar nuestra economía (una gran fuente de ansiedad para muchos de nosotros), y repetimos una serie de afirmaciones escudo, como las que indicaré a continuación, podremos actuar con más disciplina y reducir la consiguiente ansiedad:

- «Compraré únicamente lo que pueda comprar.»
- «Haré un presupuesto mensual y lo cumpliré.»
- «No eludiré mis deudas creyendo que desaparecerán por sí solas; porque no lo harán.»

Las personas que están muy endeudadas no tienen más remedio que aplicar estas drásticas medidas. Tu comportamiento debe ser un reflejo automático de las afirmaciones que repitas. En cuanto hayas logrado el control a través de tus afirmaciones, ejércelo.

Es posible que algunos lectores estén seriamente endeudados. La deuda no se irá por sí sola, pero aunque no te lo creas, hay un montón de opciones y cosas que puedes hacer. En muchos países se han creado organizaciones para ayudar a la ciudadanía en situaciones de apuro económico, y que pueden ayudarte a negociar con tus acreedores. Hay muchas organizaciones de asesoramiento sin ánimo de lucro, totalmente gratuitas, por el mundo. Si buscas en Internet, encontrarás la que tengas más cerca. Pero recuerda: acude a una que *realmente* sea sin ánimo de lucro y que no te cobre nada.

Sobre todo no te escondas pensando que el problema desaparecerá. Hay mucha gente ahí fuera que puede ayudarte a ayudarte a ti mismo. Toma el control.

4

RELACIONES:

¿Cómo fortalecerlas?

Me gustaría que la capacidad fuese la esencia de la sociedad humana, pero eso tendrá que ocurrir en otra cultura, una que girara en torno a la preocupación por los demás.

CHARLES HANDY, *El elefante y la pulga*

Cuando empecé a escribir este libro, envié un breve cuestionario a mis amigos y a los amigos de éstos preguntándoles sobre lo que los haría felices en el futuro, y lo que creían que hacía felices a los demás. Pensé que podría utilizar sus respuestas a la hora de escribir el último capítulo, que habla de la felicidad futura. Lo que me pareció más interesante fue la cantidad de gente (en total debían de ser unos 50) que comentó que necesitaba tener unas relaciones sólidas con la familia, los amigos y los colegas para poder ser feliz. Por extensión, yo diría que muchos de los interrogados convendrían conmigo (algunos lo afirmaron explícitamente) en que la falta de relaciones fuertes y satisfactorias produce un gran vacío en la vida de las personas.

Para dar comienzo a este capítulo, he seleccionado algunos de los comentarios que me hicieron y que creo que ilustran el valor que muchos de nosotros concedemos a las buenas relaciones:

Estar con mi familia cuando me necesite (estos últimos nueve años he pasado bastante tiempo fuera de casa) y darles lo mejor de mí a ellos y a mis amigos, incluso aunque yo esté pasando por momentos difíciles. Me hace muy feliz no anteponer mis problemas a los de los demás. Los míos casi siempre pueden esperar si hay alguien más que está peor que yo.

Anna, Italia

Tomarme un café con un viejo amigo, ir a ver a un primo (en nuestro país suele ser alguien con quien hayas crecido) y disfrutar de su compañía. Viajar con mi padre y contarle mis cosas. Todas estas cosas levantan el ánimo a cualquiera.

Arlind, Kosovo

Cuando empieza una relación, la gente cree que le reportará felicidad, y por eso invierte más tiempo en esa relación sin pensar de forma objetiva que es posible que cambie, o que sea la otra persona la que cambie algún día. Como todo en la vida, las personas y las relaciones cambian; y a menos que estemos mentalmente preparados para aceptar esa realidad, los cambios nos harán infelices.

Lionel, Sri Lanka

Después de nueve años de matrimonio, mi hermana y mi cuñado finalmente se decidieron a tener un hijo. En vacaciones tuve la oportunidad de ver a mi cuñado echado en el suelo con su bebé de tres meses, sonriendo, riéndose y mirándose el uno al otro. Un hombre rebosante de amor y felicidad al ver a su hijo contento, y un bebé sin preocupaciones simplemente disfrutando de la vida. En eso consisten la vida y la felicidad.

Wendy, Estados Unidos

Creo que las personas que desde fuera parecen más felices forman parte de un grupo de gente que se apoya entre sí y se respeta mutuamente. Lo he comprobado en familias y también en grupos de amigos, donde las interrelaciones siempre han sido equilibradas y nadie se sentía amenazado. Todos eran conscientes de lo que valían.

Lorna, Reino Unido

Que un equipo haya superado un desafío gracias al apoyo mutuo, y que haya logrado sus objetivos.

Helen, Reino Unido

Crear mi propia familia junto a un hombre que se parezca mucho a mí. Establecer relaciones estrechas y sólidas con personas que piensen como yo.

Edona, Kosovo

He expuesto sentimientos fuertes de los que creo que poca gente discreparía. Y, sin embargo, muchas personas no gozan de las relaciones que enriquecerían sus vidas. En este capítulo analizaremos algunas de las razones por las que esto sucede, y lo que podemos hacer para mejorar nuestras relaciones. Por ejemplo, hay gente a la que le cuesta hacer amigos debido a su timidez, así que veremos cómo ésta se puede superar mediante un proceso sistemático.

En la vida hay veces que nos resistimos a aquello que necesitamos. Los adolescentes, cuando buscan su propio camino e independencia, rechazan la ayuda que necesitan, a menudo porque el ofrecimiento, aunque bien intencionado, carece de la sensibilidad necesaria para que la intervención sea adecuada. Todos estamos al tanto de las tan comentadas historias de autolesiones, desórdenes alimenticios y abuso de drogas, signos todos de la necesidad de un apoyo más sutil. La sensibilidad es una habilidad emocional crucial para construir relaciones, pero para ello hay también otras habilidades que pueden ayudarnos y que iremos viendo a lo largo del capítulo, entre ellas la empatía, el perdón, los elogios y no hacer «chantaje emocional».

Los desafíos a que nos enfrentamos

Tal vez convenga entender algunos de los desafíos a los que hay que hacer frente para entablar relaciones fuertes en este siglo XXI recién empezado. A continuación describo algunos:

Las rupturas son difíciles

Si las ramas de un árbol pueden verse como la sana manifestación de nuestra habilidad para ser felices y manejar la ansiedad (y todos podemos tener ramas sanas), entonces podríamos decir que las relaciones fuertes son las raíces.

Pero las separaciones matrimoniales, las disputas familiares, los equipos de trabajo defectuosos, las amistades que se rompen y la falta de respeto general recíproco en las relaciones personales son fuente de angustia e infelicidad para quienes pasan por experiencias semejantes.

Teniendo en cuenta que en las sociedades occidentales es probable que se separen entre un 30 y un 40 por ciento de los matrimonios, el divorcio es un problema que va en aumento. Hay una escuela de pensamiento que asegura que deberíamos esforzarnos más en la salvaguarda de nuestros matrimonios, y que para ello hay una serie de valiosas «herramientas» que podrían ayudarnos. Otra corriente afirma que deberíamos acabar rápidamente con aquellas relaciones que nos produzcan demasiada ansiedad, porque ésta nunca desaparecerá del todo mientras la causa siga ahí. Claro que es muy fácil decirlo, pero ponerlo en práctica no tanto. Y los consejos suelen ser contradictorios. Por ejemplo, un libro te sugerirá que hagas XYZ con los niños, y otro te propondrá una solución diferente.

Para las relaciones humanas no hay una línea universal estipulada que te ayude a hacer siempre lo correcto. Pero sí que hay una serie de habilidades emocionales que nos dan la oportunidad de construir relaciones mutuamente beneficiosas y duraderas. Más adelante las veremos.

¿Hablas conmigo?

La sensación de «estar solo» en público pocas veces es tan obvia como cuando estamos sentados en un tren y echamos un vistazo al resto de pasajeros que, con los auriculares enchufados a sus reproductores MP3, parece que hayan desconectado de este mundo y estén en el suyo propio. La cosa es complicada, lo reconozco. A mí me gusta la música tanto como al resto (si no más), pero cada vez me doy más cuenta de que cuando me pongo los auriculares, me desconecto de la gente y del mundo exterior. Y, naturalmente, nos aterroriza que alguien pretenda entablar conversación con nosotros en público. Damos por sentado que están pidiendo limosna, que no están en sus «cabales», o que ha empezado una charla desagradable. De modo que seguimos con los auriculares puestos enviando a los demás un mensaje de «NO ME HABLES». Esta actitud quizás encuentre sus raíces en las historias de terror que nos llegan a través de la prensa y que nos inducen a evitar cualquier interacción con un extraño.

Y luego está lo que el comediante y escritor Ben Elton denomina el fenómeno «hayqueocupardosasientos». No sólo vamos con auriculares, sino que además pensamos: «No quiero que se siente nadie a mi lado», así que colocamos el bolso o la cartera en el asiento contiguo, o nos sentamos de tal forma que ocupamos un asiento y medio. Pero lo ideal es que los asientos de enfrente también estén libres, de manera que estiramos las piernas lo bastante como para ocupar el espacio existente entre ambas filas. Y como estamos enviando el mensaje de que no queremos hablar con nadie, la persona que desea sentarse se muestra reacia a pedirnos que movamos el bolso, las piernas o el trasero. O sea, que acabamos teniendo un delicioso metro y medio de espacio sólo para nosotros, pero muy poco más, la verdad.

¿De dónde surge, pues, el deseo de crearnos una burbuja que nos aísle del mundo exterior? Sin duda, en muchos casos la prensa nos ha transmitido tal miedo a la interacción social que sufrimos ansiedades por no saber con qué clase de individuos podemos llegar a tropezar. ¿Irán todas las personas normales en coche y los socialmente indeseables (además de servidor) recluidos en los medios de transporte público donde, «Dios no lo quiera», tal vez tengamos que sentarnos al lado de alguien o, lo que es peor, hablar con ese alguien? ¿Acaso no nos parece extraño que dos desconocidos se encuentren y hablen tranquilamente durante un viaje en tren? Intenta entablar una conversación un día de éstos en el tren, y la gente creerá que estás loco o solo, y que, por tanto, tienes algún problema de personalidad.

A lo mejor he exagerado para ilustrar cómo es el miedo a la interacción social en la «jungla», pero estoy seguro de que muchos lectores se identificarán con el ejemplo. Las historias de terror nos han generado ansiedad ante cualquier interacción que exceda los límites de nuestras cómodas burbujas, porque cuando nos relacionamos con los demás, tendemos a hacerlo con aquellas personas que consideramos más afines a nosotros (en cuanto a color, nivel social, edad, etcétera).

Asimismo, hay una diferencia entre «estar solo en público» y disfrutar, por ejemplo, del «anonimato socializador» que supone vivir en una ciudad. Es paradójico que se pueda vivir con más anonimato en una ciudad de siete millones de habitantes que en el campo. El «estar solo en público» tiene que ver con la alienación de la comunidad (una sensación peculiar y una experiencia absolutamente real para muchos de nosotros). ¿Cómo vamos a intentar sentir que formamos parte de algo cuando nos sentimos completamente desconectados?

Ahora examinaremos algunas de las tácticas que podemos usar para construir relaciones. Empezaremos con una serie de útiles habilidades emocionales, continuaremos con unas propuestas para ser animales más sociales, y terminaremos con el principal causante de ansiedad: el miedo a las situaciones sociales.

Construir relaciones; las «habilidades emocionales esenciales»

> *Los seres humanos se relacionan entre sí no solamente*
> *de manera externa, como dos bolas de billar, sino*
> *por las relaciones de los dos mundos de experiencia*
> *que entran en juego cuando se conocen dos personas.*
>
> R. D. LAING, *The Mystification of Experience*

Es probable que la solidez de tus relaciones con los demás se vea influida por tu relación contigo mismo. Poseer cierto grado de autoconsciencia y una perspectiva orientada al exterior que te permita proyectar tu personalidad hacia el mundo impactará de forma sustancial en tus relaciones con otras personas. En este apartado analizaremos las habilidades emocionales involucradas en el establecimiento de relaciones. Dichas habilidades pueden aprenderse, si no se tienen naturalmente, pero constituyen el alimento necesario para la construcción de relaciones saludables.

Muestra empatía

Cuando mostramos empatía hacia alguien, nos ponemos en el lugar de esa persona. Daniel Goleman, en su libro *Inteligencia emocional*, sugiere que, en realidad, se trata de leer los sentimientos ajenos. Y añade: «La empatía está basada en la autoconsciencia. Cuanto más en contacto estamos con nuestras propias emociones, mayor será nuestra habilidad para leer sentimientos».

Si damos importancia a nuestros sentimientos y emociones, les prestaremos más atención. En generaciones anteriores se consideraba que estar en contacto con las emociones era impropio de los hombres, con el resultado, por ejemplo, de que muchos padres tenían dificultades para ser cariñosos con sus hijos. En el trabajo, tradicionalmente un área donde la convención exige la represión emocional, las relaciones con los colegas raras veces van más allá de lo superficial, a menos que hayamos estado trabajando con alguien durante un periodo de tiempo considerable y lo conozcamos bien, o como mínimo conozcamos cómo es en el trabajo.

Las emociones y su lectura cada vez cobran mayor importancia: los profesores al enseñar a sus alumnos; los amigos que quieren ser verdaderos amigos; los jefes que pretenden entender si lo que sus empleados dicen se corresponde realmente con lo que sienten; las mujeres y los hombres que desean mostrar empatía hacia sus parejas cuando llegan a casa después de haber tenido «un mal día en la oficina», etcétera. En todas estas áreas la comprensión emocional sirve de base para una relación sólida. Así pues, ¿qué es lo que buscamos cuando intentamos leer emociones? Aquí van algunas sugerencias:

Lenguaje corporal: moverse, cruzar y descruzar las piernas, tocarse partes de la cara, un interés particular por una parte del cuerpo (juguetear con las uñas, por ejemplo).

Voz: apagada o excesivamente alta; voz entrecortada.

Ojos: falta o exceso de contacto visual; enrojecimiento.

Lenguaje: pasivo (infravaloración, por ejemplo: «No ha sido nada» cuando recibimos un cumplido, «soy un desastre»);

agresivo (lenguaje fuerte al sacar a relucir lo que nos molesta de los demás); renuencia a hablar.

Fisionomía: rubor, sudor, venas marcadas, aletas de la nariz infladas.

También podemos detectar algunos de estos signos en nosotros mismos cuando aprendemos a leer mejor nuestras propias emociones. Muchos de nosotros manifestamos inconscientemente señales acerca de lo que en realidad pensamos y sentimos, aunque nuestras palabras den a entender lo contrario. La empatía es mucho más que leer las señales con frialdad. Consiste en comprender y ver el mundo desde la perspectiva de otra persona. Pero esas señales nos ayudarán en un primer paso hacia unas relaciones más profundas. Como veremos más adelante, en el apartado que habla de la sensibilidad, también tenemos que saber cuándo retirarnos. La habilidad de empatía también consiste en saber cuándo «estar ahí» y cuándo «retirarse». Es un poco como el vendedor de una tienda, que sabe cuándo ofrecer su ayuda y consejo, y cuándo dejarnos curiosear. A algunas personas les gusta mantener cierta distancia siempre o casi siempre. Y la persona con empatía lo sabe.

Adáptate a los «planetas calientes» de los demás

En el primer capítulo he hablado de los «planetas calientes» y hemos visto lo beneficioso que resulta entender nuestros propios «planetas calientes»; que son la combinación de emociones y conocimiento en relación con cosas concretas que provocan diferentes reacciones en nosotros ante un desafío. (Los lectores que han llegado a este apartado tal vez encuentren útil remitirse a la explicación de los «planetas calientes» como ejercicio de comprensión de sí mismo que hay en la página 37.)

Al construir una relación es preciso darse cuenta de que los demás también tienen «planetas calientes». Si tienes un gran planeta cerca del sol (ego) llamado, por ejemplo, religión, y conoces a alguien que, como tú, tiene un planeta similar en tamaño y proximidad a su sol (ego), no significa en absoluto que vayas a conectar con esa persona. Es posible que tengáis puntos de vista totalmente distintos respecto al mismo tema (fíjate, sin ir más lejos, en los tremendos conflictos internos que existen en el cristianismo y el islam). Nuestra tolerancia de los «planetas calientes» ajenos (y la unicidad de sus puntos de vista) determinará que nuestras relaciones sean o no a largo plazo. Nadie es exactamente igual que tú. Sea amistad o amor lo que busques, no esperes encontrar a alguien como tú porque la búsqueda será inútil. Igual que los planetas reales, nuestros planetas están en constante cambio.

Todos cambiamos, y tal como Lionel, de Sri Lanka, escribió en respuesta a mi cuestionario al principio del capítulo, tenemos que aprender a adaptarnos al cambio o la relación, o la amistad se atascará.

Recuerdo que el escritor y locutor de radio Charles Handy dijo en cierta ocasión que se había casado dos veces con la misma mujer. Aceptando los cambios respectivos en cuanto a sus deseos y aspiraciones al final de su madurez, él y su mujer pudieron «renegociar» su matrimonio (aunque dudo mucho que lo hicieran en el sentido formal que sugiere la palabra «renegociar»).

A la hora de entablar nuevas relaciones, quizá te sea útil tener en cuenta lo siguiente:

- Disfruta de la compañía de aquellos que no son como tú. Aprenderás mucho más que rodeándote de personas que tengan tu misma mentalidad.
- Las personas seguras de sí mismas, pero a las que cuesta tener relaciones sólidas, tal vez sea porque tienen dificultades para adaptarse a los demás. Por ejemplo, si tu propia confianza se basa en la creencia de que eres inteligente, a lo mejor creerás que tienes razón *porque* eres inteligente. Y, como resultado, es posible que no te sepas adaptar a aquellos que están «equivocados» (y que, por tanto, no son como tú). Ésta es una de las causas de la arrogancia.
- Al mostrar tu desacuerdo o discutir algo, no te centres en aquello de lo que discrepas. Construye a partir del mayor punto de unión, que es eso en lo que estás de acuerdo.
- Buscar gente afín a nosotros es uno de los mayores obstáculos para el crecimiento de las relaciones. Por esa regla de tres, yo ni siquiera podría conectar con mis propias hijas porque son muy distintas a mí, y también entre sí.
- Sé prudente cuando emitas un juicio sobre alguien. Solemos juzgar ofuscados por el calor del momento, que nubla nuestra capacidad para detectar más señales que podrían confirmar o, lo que es más probable, poner en entredicho nuestra perspectiva.

Resiste la tentación de exagerar tus reacciones

A veces dejamos que las emociones anulen la razón. Si nuestras reacciones ante la injusticia (real o imaginaria) son excesivamente emotivas y, en consecuencia, nos mostramos física o verbalmente agresivos, es evidente que no ejercemos ningún control sobre nosotros mismos. El alcohol, las drogas o el abuso de sustancias puede conllevar emociones magnificadas y un comportamiento inapropiado y en ocasiones peligroso. Lo cual no es una manera sana de establecer relaciones duraderas.

Pero esto no es propiedad exclusiva de quienes tienden a cometer abusos que alteran nuestra habilidad de pensar de forma racional. A través de distintos procesos evolutivos, nuestro cerebro está programado para reaccionar con rapidez ante el peligro como mecanismo de defensa. Sin embargo, entendiendo los efectos de las reacciones excesivamente emotivas podemos aprender que las reacciones meditadas y racionales acostumbran a tener resultados más productivos (a menos que el peligro sea muy real e inminente). La clave está en querer aprender a reaccionar de otra manera. La gente que se pregunta por qué la vida no le sonríe, quizá debería tener en cuenta que tampoco hace nada para que así sea. Este tipo de personas se reafirma en el convencimiento de que su comportamiento emocional (agresivo, pasivo, etcétera) es «normal», por lo que nunca se pregunta por qué los demás reaccionan ante él como reaccionan.

Desarrolla sensibilidad

En este apartado retomo un tema que ya he tocado al principio del capítulo: la necesidad de ser sensible al entablar relaciones, sobre todo cuando los demás muestran sensibilidad. Los padres, por ejemplo, convendrán conmigo en la ansiedad que sus hijos les producen y en lo necesario de un enfoque sensible. En su libro *Happy Families* [Familias felices], los autores Bill Lucas y el doctor Stephen Briers proponen una serie de claves para tratar

con adolescentes. Sugieren lo que «no» se debe hacer y una cosa
que «sí»:

No hables como ellos.
Sí vístete acorde con tu edad.
No enseñes fotos suyas a sus amigos.
No jures.
No bebas en exceso.
No bromees sobre el sexo.
No intentes hacerte el simpático delante de sus amigos.

¡La idea de intentar ser simpático es tentadora, pero poco
aconsejable!

La lista se ha elaborado a partir de las experiencias de muchos
padres con sus hijos adolescentes, y a través de un proceso de
comprensión del mundo adolescente (donde la empatía es esencial) y la consiguiente adaptación del comportamiento adulto.
Para ser sensibles a las necesidades de otras personas, especialmente de nuestros amigos, parejas, colegas, etcétera, que puedan
precisar nuestra ayuda, es importante la sensibilidad que surge de
la empatía. Las relaciones son bilaterales, y cuando tú estés ansioso también necesitarás que los demás te ayuden. Cuanto más des,
más recibirás.

Para ayudar a los demás es crucial nuestro enfoque. Recientemente he acudido en ayuda de un amigo que me necesitaba. Y
me ha costado no decirle de inmediato dónde estaba el problema
(aunque creía saberlo). En una situación así un buen enfoque
consiste en hablar del tema con esa persona de tal forma que ella
misma detecte las causas del problema («¿A qué crees que es debido?») y vea que tiene opciones («¿Qué opciones tienes?»). Es

tentador decir: «Tienes que hacer esto...», pero no es aconsejable, ya que entonces da la impresión de que le estamos solucionando el problema. Cuando mejor actúa la gente es al darse cuenta por sí misma de las cosas.

Todos somos únicos, tenemos ansiedades diferentes (aunque algunas sean compartidas) y deberíamos perseguir una armonía que refleje esa unicidad, sea con adolescentes, amigos o colegas.

Perdona

«Perdonar y olvidar», dice el viejo cliché. Perdonar es realista, olvidar mucho menos. Se necesitan muchos años para borrar de la mente lo que consideramos una ofensa, pero tenemos la capacidad de perdonar a la persona que nos ofendió. Aunque, naturalmente, hay ofensas y ofensas. Que el papa Juan Pablo II se reúna con el individuo que estuvo a punto de matarlo y lo perdone es algo que supera lo que la mayoría de nosotros haría, pero un amigo que nos decepciona es una cosa distinta. Tal vez nos distanciemos temporalmente de ese amigo o colega, y podemos y deberíamos transmitirle, de una forma sensible aunque no emotiva, que estamos decepcionados. Pero asimismo deberíamos dejarle claro, sin sonar arrogantes, que lo superaremos y que todavía lo consideramos un buen amigo o colega.

Si lo que te acabo de plantear te resulta difícil, míralo de esta otra forma. ¿Cómo es una vida llena de rencor y deseos de venganza? Por desgracia, son muchas las personas que, al parecer, viven así, y es muy fácil creer que el mundo y la gente están en contra de nosotros; por eso nos produce ansiedad establecer relaciones futuras. Pero si somos incapaces de perdonar, corremos el riesgo de ser dominados por una emoción extremadamente dañina.

Por supuesto, si después de haberla perdonado, la persona vuelve a ofendernos, nos veremos en una encrucijada. Los cristianos dirían que la fe verdadera se manifiesta cuando nuestra capacidad de perdón es infinita, como la de Jesús. Otros quizá dirían que una cosa es perdonar, y otra muy distinta que abusen de nuestra capacidad de perdón. Tendrás que decidir por ti mismo hasta dónde llega tu propia capacidad, pero está claro que perdonar elimina parte de la negatividad que hay en tu vida. No obstante, ¡no subestimes las debilidades ajenas! Que no se rían de ti.

Sé altruista

De acuerdo con lo que la mayoría de los pensadores cree que caracteriza de verdad a quienes apenas sufren de ansiedad, es preciso que comprendamos que las habilidades emocionales no giran en torno a la persecución egoísta del enriquecimiento personal. Puede haber un bien superior en lo que hacemos del que quizá nos podamos beneficiar personalmente, pero no debería ser ésta nuestra motivación. Los utilitaristas del siglo XIX (y los fundadores del «liberalismo» del siglo XX) basaron su filosofía en las doctrinas de Jeremy Bentham y John Stuart Mill, quienes debatían con ardor en sus escritos acerca de lo que denominaban «el mayor bienestar para el mayor número de personas». El liberalismo personal estaba también ligado de manera inextricable a la felicidad y el bienestar ajenos.

Aprender a dar a los demás sin esperar nada a cambio es una de las mayores, por no decir la mayor, habilidades emocionales.

En realidad, muchos ya lo hacemos; desde las cosas que nos enseñaron de pequeños (por ejemplo, ayudar a una anciana a cruzar la calle), pasando por el tremendo aumento de los donativos a beneficencia hasta las donaciones de sangre. Y dudo que haya alguien que después de dar no se sienta mucho mejor. Porque, aunque no lo buscáramos, recibimos algo valioso a cambio.

¿Acaso no preferirías que te recordaran por lo mucho que has dado y no por lo que has recibido?

Evita la necesidad continua de halagos

De pequeños se nos enseña a buscar aprobación. Al obtenerla (cuando se nos felicita por algo que hemos hecho bien) nos sentimos bien, así que de forma natural actuamos para obtener más; y de esta manera la espiral continúa. Lo cual no es malo, porque nos ayuda a distinguir el bien del mal y a advertir el peligro. Sin embargo, si de niños aprendimos que el halago nos hace sentir bien, es posible que pese a hacer las cosas correctamente, de adultos recibamos menos cumplidos que antes. En los cursos que imparto sobre estrés laboral, los alumnos suelen comentarme que muy pocos jefes los felicitan y les agradecen el trabajo bien hecho y, en consecuencia, como empleados tal vez empiecen a pensar que lo que hacen es insignificante. Y de ahí a creer que ellos mismos son insignificantes no hay más que un paso.

Un simple: «Gracias por tu trabajo. ¡Lo has hecho realmente bien!» sería un incentivo tan poderoso que resulta sorprendente que las empresas no lo pongan más en práctica. Como también lo es que no nos demos cuenta del gran efecto que el halago y el agradecimiento causan en el desarrollo de las relaciones. Si alguien ve que lo valoramos y que valoramos lo que hace, su autoestima probablemente aumente y nos estará agradecido por ello. Nuestra iniciativa producirá un beneficio mutuo. Pero quiero advertir de algo: debemos ser sinceros, y es preciso que el halago y el agradecimiento de esas acciones sea merecido.

Colaboración: Para eso están los amigos

Lo que más tardamos en hacer cuando sufrimos una ansiedad desagradable es quizá lo primero que tendríamos que hacer: acudir a nuestros compañeros de vida. Y por compañero no me refiero únicamente a nuestra «media naranja», sino también a los amigos, la familia y, por qué no, los colegas del trabajo. Ver la vida como un proceso de colaboración tanto en los buenos como en los malos momentos supone un «adhesivo» valioso gracias al cual mantenemos un sano contacto con el mundo (incluso aunque en los momentos bajos a lo mejor no tengamos ganas de establecer ese contacto). Esta COLABORACIÓN es un elemento muy importante para combatir la ansiedad, y una de las esenciales siete «c» que he descrito en la introducción. Una de las razones por las que somos reacios a colaborar es que no estamos cómodos «desvelando nuestro interior». Seguro que conocerás a muchas personas (en mi caso la mayoría son hombres) que se beneficiarían considerablemente compartiendo sus problemas, pero que creen que hacerlo es indicio de debilidad. Esta clase de gente acostumbra a dar consejos con facilidad (a menudo de una forma nada útil) a los demás, porque con ello reafirma su «fuerza mental». Es posible que nos pidan ayuda sólo cuando están realmente desesperados.

Nuestros amigos, familia y compañeros de trabajo, pero también muchas personas que no pertenecen a nuestro círculo más íntimo, constituyen una manera vital, quizá la *más* vital, de ayudarnos a nosotros mismos cuando tenemos problemas. Las ansiedades relacionadas con el dinero, las relaciones, el trabajo y la salud pueden compartirse porque muchos de nosotros hemos pasado por experiencias similares. Sin embargo, tal vez sientas vergüenza cuando la ansiedad haya desaparecido o la hayas usado positivamente. Pero no hay por qué avergonzarse. Deberías estar orgulloso de haberla superado.

A continuación te propongo un interesante ejercicio con dos fines:

a) Ayudarte a comprender que gran parte de nuestra felicidad procede de nuestra interacción con los demás.

b) Demostrar que un enfoque de las relaciones en el que la iniciativa proviene de nosotros proporciona una vía de escape a la ansiedad creciente.

C A S O

Si ahora mismo te preguntara que me describieras cómo es para ti un día perfecto (y hablo de cosas que estén a tu alcance, no de algo que dependa de la suerte como ganar la lotería), tendrías más de una respuesta, pero en todas ellas habría un denominador común. Anota cómo es para ti un día redondo e intenta ser profuso en detalles (probablemente tendrá más de una «actividad»). Quizá consista en pasar el día en la playa echado en una tumbona mientras bebes un gin tonic; en una buena cena con tus amigos después de pasarte el día dejándote mimar en un spa y de una experiencia sexual y sensual, o en un buen desayuno tranquilo leyendo el periódico seguido de un acontecimiento deportivo y una noche con los amigos en el pub.

Algunos disfrutamos de nuestra propia compañía y, sin duda, para mí parte de un día perfecto incluye estar mentalmente «solo». Aunque, lógicamente, como animales sociales que somos nunca estamos del todo solos, claro que tampoco hay mucha gente que quiera estarlo mucho tiempo. La experiencia de asistir a un acontecimiento deportivo, incluso aunque vayamos solos, es compartida. No creo que nadie quisiera ir a ver un partido de fútbol y ser el único espectador del campo, de igual modo que probablemente no querríamos que nos dejaran solos en una isla desierta con la tumbona y el gin tonic que he comentado antes. El placer que obtenemos de la vida se basa en la colaboración, la interacción con el resto de seres humanos y en compartir los buenos momentos. ¿Sigo sin convencerte? Ese libro que te gustaría leer en tu «día perfecto» lo ha escrito otra persona (¡a menos que seas un auténtico narcisista!).

Esto en cuanto a los momentos buenos (y no olvides reservarte un día para ti en la agenda). Si en los tiempos felices la vida es colaboración, también lo es en los momentos de ansiedad. Como ya hemos visto a lo largo del capítulo, el valor que concedemos a las relaciones va en función de nuestra actitud hacia la gente que nos rodea. Las relaciones fuertes son nuestro sustento en los buenos tiempos. Y la colaboración que puede ayudarnos en los momentos difíciles se mantiene también a partir del valor que damos a las relaciones en los buenos.

Únete a una «comunidad»; forma parte de algo

La COMUNIDAD, otra de las siete «c», en la que te desenvuelves (tu lugar de trabajo, ciudad o club) añade significado a aquello que te hace único como individuo. Si no formáramos parte de una comunidad, no seríamos conscientes de nuestra unicidad porque no tendríamos nada con que relacionarnos aparte de la naturaleza. Con frecuencia, describimos el carácter de una persona basándonos en su compromiso con el entorno social (amable, tímida, extrovertida, introvertida, sociable, reservada, etcétera). Incluso palabras como «ermitaño» nos sugieren una personalidad apartada de la comunidad social. Pero la obligación de estar en contacto con los demás, sea en el marco social que sea, puede conllevar una condición muy común conocida como «ansiedad social» y que muchos lectores identificarán en sí mismos como timidez. En el primer capítulo hemos analizado las distintas formas de pensar (falta de confianza, tener malas experiencias o tratar con gente que nos parece complicada) que pueden producir una ansiedad social.

Afortunadamente, aunque la mayoría la hemos experimentado de manera más o menos acusada, suele ser leve. No obstante, es algo sin lo que podríamos vivir y que quizá nos lleve a evitar ciertas situaciones con las que deberíamos disfrutar. Sin embargo, en su manifestación más aguda puede desembocar en un desligamiento gradual de nuestra comunidad.

Pero prestando atención a las situaciones que causan esa ansiedad leve, podemos echar mano de un proceso sencillo bien expresado por Gillian Butler en su libro *Overcoming Social Anxiety and Shyness* [Superar la ansiedad social y la timidez], donde propone utilizar el «Forward Search Plan» [Plan de búsqueda avanzada].

E J E R C I C I O

Empieza expresando alguna cosa que creas de ti mismo y manifiestes en situaciones sociales, y luego dale un tanto por ciento que coincida con el grado de tu opinión. Por ejemplo, tal vez digas «se me dan fatal los cócteles de la empresa» y le adjudiques un 75 por ciento. A continuación lo que tienes que hacer es una «evaluación previa al evento», que comprende tres fases:

1. **Piensa en una situación futura que te resulte difícil.**
   Por ejemplo: «Tengo que ir al cóctel anual que hace la empresa para los clientes más importantes».
2. **Identifica tu expectativa o predicción (que debería coincidir con tu creencia).**
   Por ejemplo: «No sabré de qué hablar con nadie. Nadie querrá hablar conmigo. Será un aburrimiento. Acabaré ocupándome de las bebidas toda la noche para evitar cualquier conversación».
3. **Formula el plan de búsqueda: ¿En qué tengo que fijarme?**
   Por ejemplo: «En las conversaciones que mantenga. En las personas que se interesen por mí. En si estoy aburrido. En mis movimientos».

Entonces, después del evento, plantéate las siguientes preguntas:

1. **Resultado: ¿Qué pasó en realidad?**
   Por ejemplo: «Fue bastante bien. Hablé con unas cuantas personas (estuve un buen rato hablando animadamente con dos en concreto). Tuve que inventarme una excusa para esquivar a otra persona; sencillamente no encajábamos. Las dos personas con las que mantuve una larga conversación me hicieron un par de preguntas sobre mi trabajo y parecían interesadas de verdad. Durante casi toda la fiesta no pensé en la hora, así que no debí de aburrirme mucho. Llevé un rato la bandeja de copas, pero la

dejé al empezar a hablar con la "simpática pareja"; supongo que otra persona cogió la bandeja».

2. **¿Qué conclusiones puedo extraer del cóctel?**
Por ejemplo: «Noté que cuantas más preguntas hacía, sobre el tema que fuese, mejor era la conversación, pero a veces no se me ocurre qué preguntar hasta que ha pasado un rato. Quizá me dé miedo aburrirme y sentirme incómodo por ello, así que tal vez deba hacer algo al respecto».

Lo cierto es que, normalmente, las cosas que creemos que nos saldrán fatal nunca nos salen ni mucho menos tan mal como temíamos. De modo que podemos reajustar el porcentaje que habíamos adjudicado a esa creencia de nosotros mismos. Sería demasiado pretender que bajase a cero, pero una reducción de, digamos, un 50 por ciento ya es un paso considerable. Suele ser nuestra manera de tomar la iniciativa la que marca la diferencia. Ya sé que es muy fácil decirlo, pero se puede ir poco a poco, como acabamos de ver en el ejemplo, y eso marca la diferencia. Tal vez a quienes han vivido una mala experiencia social les ayude a entender que es algo completamente normal y no un reflejo de su propia inadaptación. ¿Podrías quizás hasta reírte de ello? El humor negro a menudo es útil.

Conclusión: Regar las raíces

En este capítulo he explicado cómo podemos construir relaciones más sólidas. Dichas relaciones, entre otras muchas cosas, nos proporcionan el tejido social que puede ayudarnos cuando estamos ansiosos. A lo mejor se basa en la necesidad de compartir nuestros pensamientos y sentimientos con otra persona o en estar cerca de las personas con las que pasamos buenos ratos. Los buenos momentos son un buen antídoto contra la ansiedad.

Para seguir con la metáfora que he utilizado al principio, la calidad de nuestras relaciones proporciona las raíces de un árbol robusto y sano. El árbol es nuestra calidad de vida.

5

TRABAJO:

¿Por qué se ha convertido en mi vida?

Tal vez no puedas elegir tu trabajo, pero sí puedes tener
la libertad de decidir cómo hacer ese trabajo.

¿El estado ideal?

En mi libro anterior, *Positive Thinking, Positive Action* [Pensamiento positivo, acción positiva], usé el concepto de «flujo» del psicólogo industrial Mihaly Czikszentmihalyi para introducir la idea de que un trabajo puede ser mucho más que algo que uno simplemente hace de nueve de la mañana a cinco de la tarde. Este estado de «flujo» ha sido descrito como aquel en el que entramos cuando hacemos exactamente lo que queremos hacer, y no queremos que se acabe lo que hacemos. De hecho, en este estado de «flujo», pensar en que se acabe la tarea implica pensar en el tiempo, aunque cuando algo nos absorbe de verdad es probable que eso sea lo último en que pensemos.

En mi libro sobre el pensamiento positivo explico qué se siente en ese estado de «flujo»: «En ocasiones los empleados se involucran en lo que hacen con tal entrega que se olvidan de que, en realidad, están trabajando. "Fluyen" pasando de la posición A a la posición B de forma casi etérea, sin recurrir a la emoción extrema ni al estrés, y aparentemente felices de hacer lo que hacen».

Es posible que al leer esto pienses que te estoy tomando el pelo. ¡Y no te culpo! En muchos de los casos de ansiedad el trabajo es, sin duda, uno de sus mayores causantes. Pero lo cierto es que muchos de nosotros experimentamos este estado de «flujo» en el trabajo, aunque no sea con frecuencia.

Intenta hacer el siguiente ejercicio.

EJERCICIO

Repasa tu vida laboral hasta la actualidad. ¿Recuerdas algún momento en que hayas disfrutado de algún aspecto de tu trabajo, aunque sólo fuera durante 20 minutos? ¿Cómo describirías la sensación que tuviste? ¿Por qué disfrutaste tanto?

Es probable que, durante la experiencia que has rememorado, estuvieras en un estado de «flujo» al menos durante una parte de la misma. La verdad es que todos hemos experimentado este estado, aunque sea sólo esporádicamente, y eso es lo que nos hace creer que nuestra labor vale la pena.

Sin embargo, el Dalai Lama, en su libro *El arte de la felicidad en el trabajo*, sugiere que el «flujo», si bien es muy deseable, también es insostenible. Dice lo siguiente: «Controlar nuestras emociones destructivas en el trabajo, reduciendo la ira, los celos, la avaricia, etcétera, e intentar relacionarnos con los demás con amabilidad, compasión y tolerancia, es una fuente de satisfacción mucho más fiable que simplemente esforzarnos por crear el mayor "flujo" posible».

Supongo que la respuesta está en un punto intermedio. Se trata de crear las «mejores condiciones» entre tu persona y el trabajo que realizas para que alcances el estado de «flujo» más a menudo, pero también adquiriendo una serie de habilidades emocionales y de comportamiento que te proporcionen serenidad mientras trabajas. Y se trata de valorar la red de relaciones que tejemos a través de nuestro trabajo y las emociones positivas que ésta puede desencadenar en nosotros. Cuando le preguntaron al Dalai Lama qué hacía para ganarse la vida, contestó: «Nada». Quizás éste sea el estado ideal que alcanzar. Cuando nuestro trabajo es también nuestro pasatiempo e impregna cada una de las fibras de nuestro ser de tal manera que dejamos de considerarlo trabajo. ¿Te parece una ilusión? Tal vez, pero no es imposible.

El trabajo más adecuado

Para continuar con el ejercicio anterior y determinar si el trabajo que tienes es o no adecuado para ti, intenta este ejercicio.

EJERCICIO

Divide un folio en tres columnas. En la de la izquierda escribe la lista de las cosas que te gusta hacer fuera del trabajo y que puedes elegir libremente. La lista puede incluir la lectura, el deporte, la música, las vacaciones, los planes familiares y las aficiones. Procura ser bastante concreto. En la segunda columna anota las sensaciones que esas cosas te producen. Las aficiones, por ejemplo, a lo mejor son un reto para ti, o te hacen sentir que aprendes algo nuevo. El deporte quizás haga salir al competidor que hay en ti o sea una forma de que te esfuerces por alcanzar ciertos objetivos (incluso estando bajo presión, posiblemente veas la presión como algo positivo). Pero tu lista de sensaciones también puede contener palabras como «relajado», «feliz», «tranquilo», «distraído», etcétera.

En la tercera columna, piensa en tu trabajo y en cómo hace que te sientas. Tal vez incluyas palabras positivas como «desafiante» y «excitante», aunque muchos lectores también escribirán cosas como «frustrado», «ansioso», «enfadado», «aburrido», «inútil», etcétera. Es más fácil relacionar el trabajo con sensaciones negativas que positivas, así que procura incluir también elementos positivos.

———

Repasa lo que has escrito en las columnas. Si te ha costado encontrar cosas que poner en la primera columna, tal vez debas plantearte si en tu vida hay algo más allá del trabajo que te ayude a reducir el estrés y la ansiedad. Las otras dos columnas son especialmente interesantes. Si ambas se corresponden, significa que tienes un trabajo que te produce emociones positivas y que encaja con tu persona. Pero también hay que decir que, aunque tu experiencia laboral haya sido mayoritariamente positiva, es posible que tengas algunas ansiedades relacionadas con tu trabajo. Lo cual está bien; de hecho, en un grado moderado las ansiedades son útiles. El problema surge cuando una ansiedad pasa de sacar lo mejor de nosotros a producir una reacción adversa.

Un elevado número de elementos negativos en la tercera columna, o un desequilibrio entre la segunda y la tercera columna, indican que hay una serie de factores que en un momento dado pueden generarte estrés y ansiedad en el trabajo. Podrían incluir alguno (o todos) de los siguientes:

- No estás en el trabajo adecuado. La labor que desempeñas no encaja con tus gustos, necesidades e intereses.
- No tienes control sobre las circunstancias que rodean tu trabajo. En esta situación puede resultar útil elaborar una lista de las cosas que *sí* puedes controlar (cómo distribuyes el tiempo, por ejemplo) y de las que no (cómo cambiar de jefe). Sé que es fácil decir que no deberías preocuparte de lo que no puedes cambiar, pero hacerlo es un auténtico desperdicio de energía. (En el resto del capítulo analizaré algunas de las áreas en las que puedes intervenir para mejorar las cosas.)
- ¡Ahora viene lo más difícil! ¿No será tu actitud? Considerar que el trabajo es algo intrínsecamente malo para ti, sea por la gente con la que trabajas y/o la labor que realizas, contribuirá a que tu propia profecía se cumpla de forma automática.

¡El trabajo perfecto no existe!

Por mucho material motivador que exista sobre el ambiente de trabajo perfecto, el empleo ideal no existe, y probablemente no exista nunca. Nuestro prójimo y los rasgos propios de nuestra personalidad se encargarán de ello. Pero tomando conciencia de una forma sana de las causas de la ansiedad laboral, y con algunas prácticas herramientas que podemos usar para superarlas, podremos mitigar los desafíos con los que nos enfrentamos en el trabajo. Para empezar hay que entender cuáles son las causas de esa ansiedad y determinar si nos hacen estar ansiosos. Así pues ¿qué causas concretas nos producen ansiedad en el trabajo? No tenemos más remedio que trabajar; de hecho, muchos queremos trabajar, aunque en el seno de unas condiciones que consideramos importantes (que no nos traten con superioridad, que nos respeten, aprender cosas nuevas y hacer frente a desafíos manejables). Estoy convencido de que alrededor de un 10 por ciento de las personas aumentarían tanto su esfuerzo como su satisfacción laboral en cualquier trabajo (dentro de unos límites razonables, por supuesto). En el otro extremo de la escala tenemos al otro 10 por ciento aproximadamente que, al parecer, no tiene interés alguno en trabajar ni para nadie ni por su cuenta.

Y en medio hay un gran número de gente, quizás un 80 por ciento de la población, que quiere hacer un buen trabajo y que desea poder disfrutar de gran parte de la labor que realiza, pero que para ello necesita que se den una serie de variables. Entre ellas destaca la libertad de hacer una porción considerable del trabajo de la manera que uno cree más adecuada, ser tratado con respeto y no recibir órdenes desmesuradas. Y, por supuesto, el trabajo tiene que encajar razonablemente con nosotros. Sin duda, el empleo ideal pocas veces, o nunca, se encuentra. Aceptarlo puede ayudar a reducir la ansiedad que nos produce el trabajo en sí y nos permite comprender que lo que hacemos ahora quizá no coincide con aquello a lo que decidimos dedicarnos al acabar los estudios.

¿Dónde estoy ahora?

Entonces, ¿cuáles son los desafíos? ¿Qué elementos pueden contribuir a que la ansiedad del entorno aumente? Empezaremos con un ejercicio extraído (y adaptado) del libro *The Stress Workbook* [Manual de trabajo para el estrés], de Eve Warren y Caroline Toll, y que nos enseña a determinar nuestro propio nivel de estrés. Es un punto de partida útil, porque lo que nos crea estrés laboral es la semilla de la ansiedad que sufrimos debido al trabajo que hacemos. Si lo permitimos, uno conducirá inevitablemente al otro. Este ejercicio, además de una visión de conjunto de tus niveles de estrés actuales, te proporcionará una instantánea de algunas de las áreas que tal vez sean problemáticas para ti en el trabajo.

E J E R C I C I O

Determina tus niveles de estrés laboral

Piensa en tu trabajo actual y utiliza el siguiente diagrama para identificar los niveles de estrés y ansiedad que a lo mejor estás sufriendo debido a éste. Simplemente tienes que marcar con un círculo el número de cada casilla que más se aproxime a lo que estás viviendo. Por ejemplo, si crees que la afirmación tu «posición es demasiado segura» se adecua a ti, tal vez marques con un círculo el número 1, 2 o el 3. Si, por el contrario, consideras que tu «posición y organización son inseguras», entonces marcarás el 7, el 8 o el 9. Si sientes que estás en una posición intermedia, marcarás el 4, 5 o 6. Cuando acabes el ejercicio, suma los doce números marcados y obtendrás una puntuación que irá del 12 al 108.

Posición demasiado segura. Camino predecible y trazado	1 2 3 4 5 6 7 8 9	Posición y organización inseguras
Poquísimas exigencias	1 2 3 4 5 6 7 8 9	Excesivo trabajo
Tareas demasiado fáciles	1 2 3 4 5 6 7 8 9	Encargos demasiado difíciles
Demasiado tranquilo	1 2 3 4 5 6 7 8 9	Demasiado ruidoso
Repetición y falta de variedad	1 2 3 4 5 6 7 8 9	Excesiva diversidad
Aburrimiento	1 2 3 4 5 6 7 8 9	Muchos proyectos distintos en marcha
Viajes escasos	1 2 3 4 5 6 7 8 9	Viajes excesivos
Poca proyección profesional	1 2 3 4 5 6 7 8 9	Rápida progresión ascendente
Muy poca influencia, control o responsabilidad	1 2 3 4 5 6 7 8 9	Excesiva influencia, control o responsabilidad
Muy poco interés o participación en el trabajo	1 2 3 4 5 6 7 8 9	Demasiado interés o participación en el trabajo
Demasiada supervisión	1 2 3 4 5 6 7 8 9	Escasa supervisión
Puntuación: Resultado: POCO ESTRÉS	12 … 60 … 108	MUCHO ESTRÉS

Una puntuación equilibrada estaría entre 50 y 70, donde se produce un equilibrio en lo que Eve Warren denomina los «puntos de presión». La persona que en el trabajo padece estrés de forma regular (porque las tareas adjudicadas son eclipsadas por una sensación de incapacidad para llevarlas a cabo) puede fácilmente sufrir ansiedad debido al mismo. Al establecer una conexión entre nuestro estado de estrés y el trabajo que realizamos, empezamos a estar ansiosos por dicho trabajo, y tal vez por el efecto que produce en nosotros.

Esas ansiedades pueden derivar de una larga lista que incluye algunos de, o todos, los siguientes aspectos:

- Vamos en coche a trabajar, siempre hay mucho tráfico y tardamos un montón en llegar. Como ya sabemos lo que nos espera, nos ponemos ansiosos incluso antes de salir de casa.
- Tenemos una lista interminable e inacabable de cosas que hacer, y nos produce ansiedad pensar en ella.
- No tenemos ningún reto, y es desalentador pensar que nos espera otro día igual de aburrido.
- La relación con nuestro jefe o nuestros compañeros no es buena, y la idea de pedir cosas o que nos las pidan, o de discutir algún tema con ellos, nos llena de aprensión.
- No sabemos realmente qué lugar ocupamos en la empresa o qué importancia tiene nuestra labor en la estructura general, de modo que nos sentimos desanimados ante la aparente inutilidad de nuestro trabajo.
- La posibilidad de cambiar de trabajo o la amenaza de que nos despidan o trasladen, hace que temamos por nuestra seguridad futura, lo que nos produce ansiedad.

La lista no es exhaustiva, pero muchos de nosotros hemos experimentado alguna de estas sensaciones a lo largo de nuestra vida laboral.

Es posible obtener una puntuación intermedia (que esté entre 50 y 70), y que haya anomalías en las puntuaciones individuales de las casillas (podemos contestar 1 y 9 alternativamente), y que aun así el resultado sea en apariencia intermedio y «equilibrado». De modo que ponte a localizar las puntuaciones que hayas repetido. ¿Has marcado muchas veces los números 8 y 9 o el 1 y el 2, aunque la suma total se aproxime a 60? Si ése es tu caso (sumas muchos números 1 y 2, y también 8 y 9, con lo que obtienes un resultado medio), convendría que analizaras las áreas concretas donde tienes mucho «estrés» o te «falta presión y objetivos».

Es importante dejar claro que este diagrama sirve únicamente para orientar. Que no te cree ansiedad haber obtenido 70 y pico o un poco menos de 50. Úsalo a modo de guía para ayudarte a identificar aquellos puntos donde podrías mitigar parte de la presión o, si te faltan objetivos, incrementarlos. La mayoría de las personas que suelen comentarme precisamente esto último están en la cincuentena. Por desgracia, a los directivos no se les da muy bien motivar a aquellos empleados a los que consideran que les queda «poco tiempo para jubilarse». Muchos de los que viven esa situación me han dicho que la superan buscándose nuevos y vigorizadores desafíos fuera del lugar de trabajo.

¿Qué nos produce ansiedad en el trabajo?

C A S O

La historia de Jacqueline (Nueva York)

Yo diría que los desafíos con los que me enfrento en mi trabajo no son atípicos, y sé que a muchos de mis amigos y colegas les pasa lo mismo que a mí. Mi entorno laboral está ligado a algunos de los problemas más graves que hay en el mundo: la guerra, el hambre, la enfermedad, etcétera, y supongo que no me dedicaría a esto, si no entendiera que los desafíos son grandes.

Mis circunstancias laborales están sometidas a constantes cambios: meses de reestructuración sin que el líder o la cadena de mando estén claros. Además, mi jefe hace poco que se ha ido, igual que uno de mis colegas y mi ayudante de administración. Ahora mismo tengo a alguien en prácticas ayudándome, pero se va el mes que viene. Así que, lógicamente, mi mayor reto es la lucha perenne para hacer el trabajo pese a la falta de personal. La verdad es que en este momento realizo el trabajo de cuatro personas.

Todos necesitamos cierto reconocimiento. Pero mi jefe nunca me dice, por ejemplo: «Sabemos lo difícil que ha sido para ti, gracias por haber aguantado». Me entero de que se reciben cartas de agradecimiento, pero a mí nunca me las hacen llegar. Y a eso hay que sumarle la falta de comunicación con mis compañeros de trabajo y con la dirección. A veces acceder a uno de los jefes puede ser una odisea, porque mi área se considera de baja prioridad. Tengo ansiedad sólo con pensar en lo mucho que me va a costar simplemente programar una reunión con un directivo.

Esta falta de comunicación también presenta otras dificultades. Todos conocemos la expresión «cambio de prioridades», pero en mi caso ya no sé ni dónde piso. Cuando hago algo que me han pedido, suelen decirme: «A ver, ahora no necesito esto, sino esto otro». O: «No me refería a esto», o «Muy bien, pero también necesito esto otro».

Me da la impresión de que hago todo a salto de mata, cuando con un poco más de tiempo podría trabajar mucho mejor. Viajo bastante a África y Asia, y mi labor sería más útil en esos países si tuviese tiempo para planificar las cosas con eficacia. Esta falta de tiempo, naturalmente, afecta también a mi trabajo diario de oficina; voy siempre a contrarreloj.

Así pues, ¿qué es lo que me impulsa a seguir?

Intento centrarme de forma consciente en aquello donde creo que tengo autonomía, y donde puedo coordinar las cosas directamente con personas externas en lugar de hacerlo a través del personal de las oficinas centrales; tengo la sensación de que así construyo relaciones más sólidas. Y, de paso, evito al máximo el contacto con la gente por la que en algún momento me he sentido muy rechazada.

Ir por las mañanas a trabajar no me produce ansiedad concretamente, sino más bien una sensación de fracaso y frustración por no haber podido acabar algunas de las cosas pendientes más importantes y por la falta de control que tengo sobre mi entorno laboral. También procuro, siempre que puedo, mirar los barcos remolcadores que hay en el río que se ve desde mi despacho para recuperar la energía. Y conectar con mis pensamientos; mi abuela alemana es una de las supervivientes de un campo de concentración ruso de la Segunda Guerra Mundial, y si ella superó eso, yo superaré el hecho de que echen por tierra mis grandes ideas o rechacen mi razonable punto de vista. Además, no me olvido de la época que pasé trabajando en Kosovo y de los obstáculos a los que tuve que hacer frente. Es posible que mi trabajo actual sea estresante, pero, en conjunto, tampoco está tan mal. Creo que es importante ver las cosas con cierto grado de perspectiva.

A mediodía tengo bastante tiempo para comer (aprovecho para quedar con amigos y compañeros, y conocer a gente nueva). Por las noches mantengo activa mi agenda cultural (cine, teatro, baile, etcétera). Una vez a la semana voy a que me hagan un masaje. De vez en cuando me cojo un día de fiesta: veo alguna película, quedo con un amigo para comer o cenar, hago co-

sas en casa o acudo a algún tipo de evento cultural (el último fue una exposición fotográfica). Y todo eso me ayuda. Reconozco que no he ido mucho al gimnasio, pero como sé que también me va muy bien, procuro ir los fines de semana... Mantener este equilibrio entre el trabajo y las estimulaciones externas es importante, sobre todo en trabajos tan duros como el mío.

Lo único que quiero es poder trabajar en un medio cómodo. Por eso creo que es importante mirar hacia delante y entender que uno puede hacer muchas otras cosas. Como me gusta invertir en futuro, cada semana hago algo para cambiar algún día de trabajo. A lo mejor voy a alguna entrevista, envío mi currículum para algún puesto o lo actualizo. Eso me ayuda a ser consciente de que siempre hay una salida, y minimiza mi sensación de estancamiento y falta de control.

Restaurar el «equilibrio»

La historia de Jacqueline es realista. No nos dice que los problemas y los obstáculos que tenemos en el trabajo pueden arreglarse de la noche a la mañana, sino que expresa la clase de dificultades con las que estoy convencido que muchos lectores se sentirán identificados, y determinadas estrategias que ella utiliza para salir adelante. A continuación veremos con detalle algunas de esas estrategias.

Buscar tiempo para uno mismo

En una época en la que imperan culturas laborales basadas en el machismo y en largas jornadas de trabajo, se nos puede llegar a convencer de que dedicar nuestra vida entera a trabajar es una opción sensata. Todos trabajamos duro y, digan lo que digan las estadísticas y los expertos, es un hecho que las prósperas economías globales y también los ambiciosos de éxito trabajan con ahínco. Es imprescindible que haya una clara división entre el trabajo y el hogar (o el ocio). En el caso de Jacqueline, ésta habla del gran valor que concede a las horas de comer y cenar.

Algunos jefes, aunque no lo digan de manera explícita (ya que en muchos lugares es ilegal), cometen el error de incitar a sus empleados para que no hagan una pausa para comer. Las «comidas de trabajo» han empezado a formar parte del léxico empresarial. Pero estar sentado en una sala de reuniones comiendo algo que no hemos elegido, no es hacer una pausa. Incluso en París, donde solía hacerse un paréntesis de dos horas para comer, se han generalizado los 15 minutos para tomar un bocadillo.

Es preciso decir con toda claridad que, si no descansamos a la hora de comer, por la tarde rendimos muchísimo menos. Si es necesario, empieza media hora antes por la mañana y acaba media hora más tarde (y a veces hay que hacerlo), pero esa hora de descanso para comer es muy importante para tu bienestar.

En el capítulo 1 hemos visto cómo conocerse a uno mismo permite combatir el estrés y la ansiedad. Algo que también es aplicable a nuestro modo de trabajar. Por propia experiencia he aprendido que tengo mucha más energía a primera hora de la mañana, como le ocurre a la mayoría de la gente. En épocas de mucho trabajo, no tengo inconveniente alguno en empezar a las 7 de la mañana, pero nunca he trabajado hasta después de las 17.30 horas. Recuerdo que en cierta ocasión mi jefe cuestionó mi profesionalidad porque cada día me marchaba a la misma hora. Este jefe no tenía ni idea de que a las 7 yo ya estaba en la oficina, y le sorprendió enterarse de que, en realidad, trabajaba más que él, a pesar de que él se quedaba hasta las 18.30 horas. En los cursos que imparto sobre el estrés, muchos de mis alumnos me han dicho que les gusta empezar a trabajar temprano. A primera hora de la mañana adelantan muchas cosas, nadie los molesta, y pueden planificar tranquilamente la jornada antes de que realmente empiece y el teléfono se ponga a sonar.

Sin embargo, es evidente que no deberíamos sentir una compulsión a empezar siempre pronto a trabajar y acabar tarde sólo porque nuestro jefe o la naturaleza del empleo así lo requieran. Salir del despacho a una hora razonable supone una gran ventaja: que nuestra vida laboral y familiar están en sano equilibrio, lo cual nos lleva al siguiente punto...

Mantén una sana perspectiva

El trabajo forma parte de la vida, pero no es nuestra vida. Anota en un papel a qué hora saliste del despacho cada día de la semana pasada y lo que hiciste luego. A mucha gente le cuesta recordarlo, porque no ha hecho nada memorable. Solemos considerar que las noches son una preparación para el día siguiente en lugar de un tiempo que podemos disfrutar. Nos pasamos de media unas 80.000 horas de nuestra vida trabajando, y casi cinco veces esa cantidad sin trabajar, pero el trabajo llega a absorber nuestra vida no laboral.

El trabajo es esencial. Nos da muchísimas cosas; algunas de las cuales únicamente apreciamos cuando ya no trabajamos. Pero hay que verlo como parte de la vida misma. Si coges un prisma y dejas que la luz pase por él, reflejará los siete colores del arco iris. Si dejas que ese prisma metafórico refleje la vida misma, refractará los distintos matices de la vida: el trabajo, el ocio, el amor, la amistad, el placer, etcétera.

Ahora imagínate la vida con una única «sombra» metafórica: el trabajo. En ocasiones sufrimos estrés y ansiedad debido al trabajo, porque contemplamos la vida sólo desde esa sombra concreta. Cuantas más sombras y colores haya, mayor será la probabilidad de aumentar la perspectiva de la vida y del lugar que el trabajo ocupa en ella. Aplica el prisma a tu propia vida y pregúntate qué «colores» refleja.

La mayoría experimentamos la sensación de «perspectiva» con mayor intensidad cuando nos vamos de vacaciones. De pronto descubrimos un mundo diferente y somos capaces de observar nuestro trabajo con distancia. Pero también hay personas que parece que sólo trabajan para poder pasar dos semanas de vacaciones en la playa. Por supuesto que es importante marcarse metas, pero no es muy útil cuando después de las vacaciones tenemos 11 meses de trabajo por delante. Una solución po-

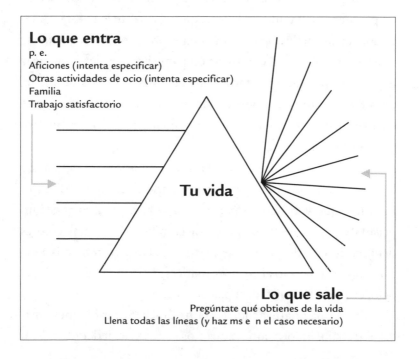

Lo que entra
p. e.
Aficiones (intenta especificar)
Otras actividades de ocio (intenta especificar)
Familia
Trabajo satisfactorio

Tu vida

Lo que sale
Pregúntate qué obtienes de la vida
Llena todas las líneas (y haz ms e n el caso necesario)

sible consiste en no ver las vacaciones de una forma tan convencional. Las vacaciones pueden durar un fin de semana, o incluso una sola noche. La diversidad es una de las cosas que coloca
el trabajo en una perspectiva más real.

Recuerdo la historia de un hombre que consideraba que su
trabajo era un perro llamado «Rover». Cada noche amontonaba
todos los papeles en un cajón, lo cerraba, caminaba hasta la
puerta de su despacho y decía en voz alta: «¡Quieto!» Este gesto
simbólico le permitía separar mentalmente el trabajo del resto
de la noche.

¿Está equilibrada tu vida? Averígualo rellenando las líneas
del diagrama de la página anterior.

Acepta que puedes trabajar en muchos sitios

Duro pero cierto. Al día siguiente de haber dejado una empresa
para irnos a otro trabajo, empezamos a ser olvidados. En un
plazo de seis meses habremos perdido el contacto con la mayoría de nuestros colegas (aunque conservaremos una o dos amistades de por vida). El trabajo nos llena, creo que es absolutamente esencial para vivir, pero también es transitorio. Hemos
sido importantes para nuestro antiguo jefe, pero seremos igualmente importantes, o quizá más, para el siguiente.

Unas cuantas personas permanecen toda la vida en el mismo trabajo (especialmente en el sector público), pero la mayoría cambiará de empleo unas cuantas veces. Jacqueline utiliza
una estrategia de escape para aliviar la tensión. Saber que no tiene que estar toda la vida en el mismo trabajo (pese a correr con
ello el riesgo de sufrir desapego psicológico laboral) la ayuda a
mantener una relación equilibrada con su jefe.

Elimina la negatividad y aléjate de la gente negativa de tu entorno

Ésta es una de las cosas más difíciles. No siempre podemos elegir con quién queremos trabajar; tal vez leas esto y digas: «Tengo el jefe que tengo» o «No puedo elegir a mis compañeros de equipo». Y quizá tengas razón, pero sí podemos elegir aquella actitud que nos permita establecer relaciones productivas. Al final del capítulo veremos cómo la seguridad en uno mismo es un método para lograrlo (véase pág. 193).

Altera la rutina en la que estás inmerso

Si quieres alterar la rutina en la que crees que estás inmerso, hazte la siguiente pregunta: «¿Cuándo fue la última vez que hice algo nuevo?» Recuerdo que una mujer que asistió por segundo año consecutivo (a modo de recordatorio) a un taller sobre el estrés que impartí, se acercó a hablar conmigo. Me contó que había empezado a hacerse esta pregunta cada día, y que no hacía mucho había decidido iniciarse en el alpinismo. Me explicó que recientemente se había ido con su marido a Gales, a escalar el monte Snowdon. En un tramo difícil del ascenso se volvió a su marido y le hizo esa misma pregunta: «Dime, ¿cuándo fue la última vez que hiciste algo nuevo?» Esta frase ha pasado a formar parte habitual de su vocabulario.

En el apartado siguiente analizaremos las principales categorías de estrés laboral.

Las cuatro categorías del estrés laboral

En su libro *Stress and the Workplace* [El estrés y el lugar de trabajo], el doctor Karl Albrecht identificó cuatro categorías de estrés y ansiedad en el trabajo. Mientras que una de dichas categorías, el «estrés anticipado», en realidad es ansiedad, las tres restantes nos hacen sentir ansiosos por el trabajo sólo si dejamos que nos estresen. Las cuatro categorías son:

Tiempo: Cuando tenemos la sensación de que nos falta tiempo para hacer el trabajo.

Anticipación: Que nace del temor de que ocurra algo malo. Este miedo puede ser real o infundado.

Situación: Cuando no tenemos claro lo que debemos hacer y el lugar que ocupamos, o cuando hay un conflicto entre los distintos roles que intentamos desempeñar. A veces tenemos la sensación de que carecemos de un espacio propio en la empresa en la que trabajamos.

Enfrentamiento: Cuando nos incomoda tratar con determinadas personas. Puede tratarse de personas complicadas o con las que tenemos una estrecha relación. (Una amistad fuera del trabajo en ocasiones dificulta hacerle a alguien una pregunta o petición delicada.)

A continuación analizaré cada categoría individualmente y ofreceré una serie de técnicas que tal vez te sirvan para disminuir la ansiedad. Pero hay un factor crucial común a todas ellas: el autocontrol. Aunque no podamos elegir todos los acontecimientos que crean dificultades en cada una de las cuatro categorías, sí tenemos la capacidad de controlar nuestras reacciones.

Y lo que es aún mejor: tenemos la capacidad de adoptar una actitud positiva, tomando nosotros las riendas, especialmente en la ansiedad anticipada.

1. Tiempo

Los expertos en el tema de la ansiedad y el estrés laboral, como el profesor Cary Cooper (al que citaré a continuación), creen que trabajar más de 45 horas semanales va en detrimento de nuestra salud y nuestro bienestar:

«Trabajar siempre muchas horas, más de 45 a la semana cada semana, perjudica a la salud física y psicológica. El Reino Unido tiene la segunda jornada laboral más larga del mundo desarrollado, justo por detrás de Estados Unidos, y por delante de Japón».

Muchos lectores se identificarán con esta situación, pero pensarán que a corto plazo poco se puede hacer con un jefe que, al parecer, exige muchas horas de trabajo. Es absurdo que cualquier manual sobre el estrés y la ansiedad laboral diga: «Empieza a las 9, vete a casa a las 17, haz una pausa de una hora para comer y dos descansos de 15 minutos, uno por la mañana y otro por la tarde». Es absurdo porque todos sabemos que hacerlo probablemente signifique que no nos asciendan, que la gente murmure a nuestras espaldas, y que los mejores puestos se los queden aquellos que se considera que se «implican» más. Y, además, tener un montón de trabajo atrasado y falta de tiempo para hacerlo genera ansiedad. Una espiral que aumenta cuando empezamos a sacrificar parte de nuestras noches para acabar el trabajo. La satisfacción y disminución de estrés que nos produce la idea de tener las noches libres se ve anulada por la tristeza amenazante que supone que el hogar se convierta en una extensión de la oficina.

Pero como este libro no pretende hacer publicidad, es preciso abordar el tema de la administración del tiempo desde una perspectiva real y actual. Empezaremos desde tu actual posición con respecto al tiempo y a tu forma de manejarlo, y luego, desde ahí, a medida que vayas ganando control sobre el trabajo que realizas, debes intentar aspirar a unas jornadas laborales sensatas.

EJERCICIO

Para iniciar este proceso es necesario que primero crees un registro del tiempo. Durante la próxima semana anota con detalle lo que haces, a qué hora lo haces y el tiempo que has tardado en hacerlo. Naturalmente, tendrás que invertir cierto tiempo en ello, pero procura anotarlo en tu diario sobre la marcha, en lugar de intentar recordar todo lo que has hecho al finalizar la jornada. Las personas que ya lo han hecho aseguran que antes incluso de empezar a administrar mejor el tiempo (o en palabras del profesor Cary Cooper de «trabajar con más inteligencia»; véase más adelante), el diario ya muestra una serie de áreas en las que instantáneamente se detecta una pérdida de tiempo.

Con este diario puedes empezar paso a paso el proceso de recuperación del tiempo personal que tu trabajo está absorbiendo. No sería realista pensar que esto es algo revolucionario; pero si empiezas a incorporar algunas de las técnicas de eficacia personal que hay en este apartado a tu rutina profesional, la «recuperación» ocurrirá.

Entonces, ¿cómo puedo trabajar más inteligentemente?

No tenemos más remedio que trabajar, pero podemos elegir cómo hacerlo. Teniendo en cuenta que la productividad es un elemento imprescindible para el éxito profesional, el profesor Cary Cooper, experto en bienestar laboral, sugiere que lo que hay que hacer no es necesariamente trabajar «más duro», sino «con más inteligencia». Es un concepto que lleva usándose desde hace alrededor de un decenio sin que se haya producido una reducción perceptible de la ansiedad y el estrés laboral, pero seguro que mucha gente estará de acuerdo con la idea. De modo que, ¿cómo podemos trabajar «con más inteligencia» y qué significa eso realmente?

Lo difícil del asunto es que sabemos que los fenómenos mundiales que se han logrado en las economías posindustriales durante los últimos diez años, incluyendo a Estados Unidos y el Reino Unido, también han ido acompañados de largas jornadas de trabajo. Asimismo, el explosivo crecimiento de las economías india y china pone de manifiesto el vínculo existente entre la prosperidad económica y el trabajo duro. Los países económicamente rezagados, como Francia, tienen culturas laborales con jornadas más reducidas (de hecho, la ley francesa de reducción de la jornada laboral a 35 horas semanales, en la actualidad está ampliamente considerada un suicidio económico). Así pues, ¿qué podemos hacer ante esta aparente paradoja? Tal vez las respuestas las encontremos en la forma en que se trabaja hoy en día. Respuestas que hay que decir que no son nuevas; pero aunque sepamos cómo trabajar mejor, con frecuencia no lo hacemos.

Hace muchos años escuché a John Adair, gurú del liderazgo, en el lanzamiento ante la prensa de un vídeo práctico sobre cómo administrar el tiempo en el trabajo. Al final del vídeo, un periodista indiscreto le preguntó: «¿No le parece obvio todo lo que dice en el vídeo? Es cuestión de puro sentido común». A lo que John Adair contestó: «De sentido común, sí. Pero no de práctica común».

Mucha gente conoce ya muchos de los principios básicos de la administración del tiempo. Pero ¿con qué asiduidad se atienen a ellos? Sabemos lo importante que es priorizar nada más levantarse por la mañana: una sencilla lista de cosas que hay que hacer colocadas según el orden en que deban ser hechas. Eso significa dar prioridad a las tareas cuyo plazo finalice hoy. A algunas personas les gusta usar el sistema de asteriscos, como aparece abajo; otras utilizan el sistema de colores.

*** Tres asteriscos para aquellas tareas que *deben* realizarse o acabarse hoy y que son importantes. Cualquier cosa urgente es importante.

** Dos asteriscos para aquellas tareas que sería bueno hacer hoy; quizá porque el plazo límite es mañana. Y también para el trabajo que es necesario ir haciendo para una fecha futura, lo que llamamos «tareas en curso». El trabajo se puede aplazar, pero no continuamente.

* Un asterisco para las tareas cuyo plazo no es inmediato, pero que, de haber tiempo disponible, sería conveniente terminar.

Es verdad que esto parece muy fácil. Y lo es. Pero la realidad es, naturalmente, que a lo largo del día surgen muchas cosas que alteran el programa establecido. Y como sabemos que el día no será perfecto, hay quienes preguntan: «¿Para qué voy a molestarme en planificar mi día de trabajo, cuando el día perfecto no existe?» La respuesta es que si empezamos a trabajar desde una posición comprometida (sin planificación), comprometemos aún más nuestra capacidad para concluir las tareas; en cambio, si partimos de la mejor de las bases, tendremos un marco de trabajo sólido desde el que actuar, incluso aunque tengamos que hacer algunos ajustes sobre la marcha (en algunos casos, más de uno al día). En realidad, mucha gente asegura que no es dueña de su tiempo poniendo como excusa la creencia de que la singularidad de su trabajo no se lo permite. Pero lo cierto es que ningún trabajo se beneficia de la falta de planificación y determinación de prioridades.

Brian Tracy, en su libro *Eat That Frog* (*¡Tráguese ese sapo!*, Urano, Barcelona, 2003), propone que después de hacer una lista de prioridades de las tareas del día, abordemos en primer lugar la más difícil, la más desagradable (éste es el «sapo» que hay que tragarse). Los trabajos más difíciles los acometemos mejor cuando más frescos estamos, y para la mayoría de las personas eso significa por la mañana. Si aplazamos las tareas difíciles y las dejamos para más tarde, tendremos que hacerlas cuando estemos cansados y deseosos de irnos ya a casa.

Entonces, ¿qué podemos hacer con las interferencias e interrupciones del día a día?

¿Puedes hacerme esto?

Son las 16.30 horas. El día te ha ido bien. Has podido concluir la mayoría de las cosas de tu lista de prioridades. Hoy necesitas irte a las 17.00 horas y las dos cosas que te quedan por hacer consumirán esa media hora. De repente aparece tu jefe y te pregunta: «¿Puedes tenerme esto para las cinco?» ¿Qué puedes contestarle? ¿Qué puedes hacer? Ahí van algunas opciones.

- Cada vez que alguien te encomiende una tarea pregúntale cuánto tiempo cree que ésta requerirá. Si no estás de acuerdo, pregúntale si está seguro; si sigues sin estar de acuerdo, dilo.
- Pregunta cuál es el plazo de entrega límite. La mayoría de la gente que no da un plazo concreto dice «lo antes posible». Pero no te conformes con eso. Pregunta cuál es el plazo real. Luego comenta si encaja o no en tu agenda, o si ésta goza de flexibilidad. Si el plazo límite no te satisface, ofrece otro alternativo.
- No te resignes pensando: «Es mi jefe, no puedo decir que no». No hace falta que digas no. Intenta que la pelota esté en el tejado de tu jefe. Dile: «Antes de irme tengo que hacer esto y lo otro. ¿Qué prefieres que deje para mañana?» Entonces él dirá: «Está bien, me esperaré a mañana» o «Bueno, intentaré... que lo haga otra persona mientras tú haces esto otro». Recuerda que no hace falta ser en absoluto antipático. En cierto modo, se trata de un «no constructivo».

Lógicamente, habrá ocasiones en que tendremos que amoldarnos a colegas y jefes; es preciso hacerlo, sobre todo en momentos de crisis. Pero ¡no olvides que es muy fácil inventarse crisis innecesarias! Administrar el tiempo no consiste en ser antipático, sino en que no se aprovechen de uno. Los compañeros de trabajo suelen aprovecharse de las naturalezas más flexibles, y a los jefes se les da muy bien recurrir con regularidad a la persona que siempre dice que «sí». El problema es que la persona que siempre dice que «sí» nunca se va del despacho a tiempo. El trabajo no tarda en acumularse y empieza a sufrir los efectos de la sobrecarga. Pensar que nos espera una lista interminable de tareas (tanto nuestras como de los demás) genera síntomas de ansiedad. Y la ansiedad laboral a menudo disminuye nuestra capacidad para trabajar con el nivel de productividad más alto. La espiral descendente se perpetúa y la ansiedad aumenta.

¡Socorro! ¡Estoy enterrado en papel!

Por desgracia, contra todas las predicciones iniciales, los ordenadores y el correo electrónico no han conllevado una reducción de la cantidad de papel que producimos. De manera que seguimos teniendo una montaña interminable de actas, informes, cartas, envoltorios de caramelos, revistas, panfletos de propaganda, etcétera. Si éste es tu caso, procura recordar el bien llamado principio FART:

F   Archívalo (*file it*)
A   Ejecútalo (*act on it*)
R   Clasifícalo (*refer it*)
T   Tíralo (*trash it*)

Pero sobre todo no mires una y otra vez el mismo papel ni lo devuelvas a la interminable montaña de documentos de la que lo has sacado. Intenta no «saltar» de una cosa a otra dejando todo a medias. Ese pequeño esfuerzo extra que hagas para acabar el trabajo significa que podrás irte a casa pronto.

Reuniones y más reuniones...

El publicista Winston Fletcher dijo en cierta ocasión que «las reuniones son lugares donde las grandes ideas son silenciosamente estranguladas». Esto sucede con demasiada frecuencia, y lo que es aún peor, las reuniones tienden a «robar» muchas horas de la jornada de trabajo. ¿Cuántas veces has participado en reuniones mal dirigidas que han durado horas, y tu ansiedad ha aumentado al pensar en el montón de trabajo acumulado que tienes en tu mesa, y en el rato que por la noche tendrás que dedicar a ese trabajo? Sin duda, mucho se ha escrito acerca de cómo dirigir una reunión con eficacia, pero aquí de lo que se trata específicamente es de desarrollar un comportamiento firme que podrás exteriorizar en dichas reuniones.

Quizá lo primero que deberías hacer cuando te convoquen a una reunión es preguntar: «¿Cuánto tiempo está previsto que dure?» Todas las reuniones deberían tener un principio y un fin, y el hecho de preguntarlo obliga a su organizador inexperto a averiguar o fijar él mismo un tiempo límite. Una contestación del tipo: «Hasta la hora de comer» no es suficiente, porque a mí me gusta comer a las 12 del mediodía, y a lo mejor a ti a las 13.30 horas.

Lo segundo sería identificar claramente cuál es tu papel en la reunión. Esto es crucial. ¿Cuántas veces hemos asistido a reuniones de dos o tres horas de duración, cuando en realidad sólo hubiésemos necesitado estar presentes 20 o 30 minutos? Consulta tu agenda con antelación y, si no es preciso que estés hasta el final de la reunión, expresa sin ambages cuál crees que es tu papel. Pídele al organizador que te avise cuando debas entrar en ella o, aún mejor, entérate de a qué hora se iniciará tu sección. Naturalmente, alrededor de esa hora deberías estar fácilmente localizable y disponible. (No perder tu tiempo consiste también en no hacérselo perder a los demás. Si tu nivel de autoexigencia es alto, hay más probabilidades de que el resto de personas suba también el suyo.)

El siguiente paso tiene que ver con tu propia preparación. Ten a mano el material que vayas a necesitar, y ten claro qué se espera de ti. Si hay asuntos concretos relacionados con tu tema que deseas sacar a relucir, informa al organizador de la reunión para que pueda a su vez informar a los demás. Recuerda que los demás también deben prepararse. Si antes de asistir tienes que leer algo, asegúrate de hacerlo.

Finalmente, no asistas a reuniones donde no se hacen actas, o donde sí se hacen, pero no se marcan objetivos. De la misma manera que no recuerdo qué desayuné hace tres días, difícilmente podría recordar una reunión mantenida la semana pasada a menos que tuviese un acta que me lo recordara.

¿La maldición del *e-mail*?

Retrocedamos 10 o 12 años, cuando el correo electrónico estaba en sus albores. ¿Recuerdas que nos decían la cantidad de tiempo que nos ahorraría y que sería un medio de comunicación importantísimo? De hecho, después de haberlo usado erróneamente tan sólo durante unos cuantos años, se ha convertido en una barrera habitual para la comunicación efectiva y una herramienta para «cargarle el muerto» a alguien más.

La gente suele pedirnos cosas (difíciles o no) por *e-mail*. Con frecuencia, la persona que pide algo con este método deduce automáticamente que el receptor ha aceptado su petición. Es evidente que recibir un *e-mail no* es sinónimo de comulgar con su contenido, pero ten cuidado: hay personas que a menudo intentan dar por sentado que es así.

En un reciente estudio realizado por el Institute of Management/PPP Healthcare, el *e-mail* ha sido identificado como una de las diez causas principales del estrés y la ansiedad laboral. Sin duda, algunas personas advierten el problema que éste ha desencadenado. Hay empresas en Estados Unidos y Europa que han instaurado «días sin correos internos», y aseguran que los empleados realmente vuelven a hablarse los unos con los otros; los pobres jefes no tienen dónde esconderse, y los que suelen cargarle a otros el muerto tienen que asumir su responsabilidad.

¿Cómo usar, pues, el *e-mail*?

En lugar de elaborar una lista de lo que «sí» debes o «no» debes hacer, en esta etapa tal vez te resulte útil conocer la experiencia de alguien con quien en cierta ocasión hablé de este tema durante un curso para aprender a manejar el estrés. La llamaremos «Cathy», y es de Milton Keynes. Su consejo es en parte arriesgado, y personalmente yo no lo aceptaría en su totalidad (sobre todo en lo referente a la tecla de borrar), pero estoy convencido de que muchos lectores se reconocerán a sí mismos en las circunstancias. En cierto modo, su consejo es de lo más saludable, aunque para poderlo aplicar con éxito, se necesita una actitud firme (de la que hablaremos al final del capítulo).

CASO

La historia de Cathy (Milton Keynes)

Cathy me contó que a la vuelta de unas vacaciones se encontró cerca de 1.000 e-mails en su buzón de entrada. Le pregunté cómo consiguió leerlos todos. «No lo hice —fue su respuesta—. Los borré de un plumazo. Fue de lo más liberador.» Le pregunté si eso le había causado problemas posteriores y, aunque yo no se lo pedí, se lanzó a describirme sus métodos personales.

«No —me contestó—. Pensé que si se trataba de algo importante, la gente se volvería a poner en contacto conmigo. Puede que me haya perdido

algo curioso, pero no te imaginas el estrés y la ansiedad que me produjo ver tanto mensaje. Habría tenido una quincena de espanto. Y para aquellos que me reprocharon alguna cosa, tenía en qué escudarme. Lo primero que les pregunté fue cómo harían para responder a todos esos e-mails, y luego les dije que aún no había leído el suyo. Ahora, cuando me voy de vacaciones, lo que hago es dejar preparado un mensaje que se activa solo: «Estaré fuera hasta el... Como recibo más de 100 mensajes al día, es probable que cuando regrese aún no haya leído el tuyo. Si es importante, por favor, envíamelo otra vez el día de mi vuelta». Me siento como si esto fuera una especie de juego, pero la verdad es que ahora recibo muchos menos e-mails. Hubo gente que cuestionó mi actitud, pero cuando expuse mi situación, la mayoría confesó que tenían el mismo problema. Creo que se admiraron de mi reacción.

«En la actualidad le dejo a la gente totalmente claro que espero que lo que sea importante me lo comuniquen personalmente, sin esconderse detrás de los e-mails. Me gustan los e-mails; ahorran tiempo, pero sólo cuando se usan de forma apropiada.

«Mi actitud molestó, no voy a negarlo. Me gusta decir las cosas tal como las pienso, pero te contaré lo que pasó. Al cabo de un tiempo la gente se acostumbró a mis métodos personales. Antes podía pasarme dos horas al día seleccionando mensajes; en cambio, ahora tardo menos, pero no me importa hacerlo, porque sé que el 90 por ciento de lo que recibo es importante y tiene relación con mi trabajo.»

Un feliz final y una actitud interesante la de «Cathy». Pero semejante actitud requiere una firmeza por nuestra parte capaz de generar un resultado positivo. (Para saber más acerca de cómo relacionarnos con los demás desde la firmeza, consulta el apartado titulado «Enfrentamiento», en la página 192.)

Otras personas han encontrado otras técnicas que les han funcionado:

- Intenta no ser un esclavo del correo electrónico. No consultes tu buzón de entrada constantemente. En lugar de eso, procura hacer dos o tres pausas durante la jornada para revisar los *e-mails*.
- No dediques las primeras y mejores horas de la mañana, cuando tu cerebro está más fresco y activo, a una tarea administrativa como responder a los *e-mails*. Justo antes de comer o antes de irte a casa son buenos momentos para hacerlo.
- Echa mano de cualquier sistema que haya disponible para filtrar los mensajes.
- Ten en cuenta que el ciclo vital de un *e-mail* suele crecer exponencialmente cuando lo envías. ¿Seguro que enviándolo no estás perdiendo tu tiempo y el de los demás?

Y finalmente:

- Si pides a los demás que hagan buen uso del correo electrónico, ¡no te saltes tus propias normas!

Administración del tiempo en un equipo de trabajo

Si trabajas en equipo, podrías intentar poner en práctica algunas de las siguientes técnicas orientadas a mejorar la forma en que administramos el tiempo. (Tal vez tus compañeros no estén de acuerdo con todas las sugerencias, pero ¡no pierdes nada por intentarlo!)

- Planifica que cada miembro del equipo trabaje durante un día entero sin ser interrumpido en aquello que requiere verdadera concentración, y que tenga también determinados paréntesis sin interrupciones. Los estudios demuestran que raras veces tenemos más de 15 minutos al día sin interrupciones (sin llamadas de teléfono, preguntas de los colegas, etcétera) y que, en semejantes condiciones, es difícil trabajar con calidad. No es una buena política que una sola persona posea toda la información de cualquier tema; una distribución del conocimiento y el trabajo beneficia a todo el mundo.

- Escalona las pausas para comer. Si siempre se queda la misma persona para atender las llamadas mientras los demás se van a comer, es imposible que pueda contestar a todas las preguntas y consultas en ese periodo de tiempo. Así sólo se consigue aumentar su estrés; la frustración que produce la falta de información y no poder ayudar son factores especialmente estresantes. Además, es probable que quienes llaman por teléfono no queden satisfechos.

- Asegúrate de que no encargas siempre el mismo trabajo a la misma persona. Si las tareas difíciles recaen siempre sobre las mismas personas, mientras que los demás se quedan con las más jugosas, pueden acabar creyendo que las infravaloras.

- Procura no recurrir siempre a la misma persona (la que es efectiva) en los momentos de crisis, porque la responsabilidad le acabará pesando (podría ser tu caso) y corres el riesgo de que al cabo de un tiempo esté «quemada». Muchas personas se sienten halagadas cuando se recurre a ellas, pero la sensación dura poco cuando sienten que se abusa de su buena voluntad.

Y para concluir: la gente es generalmente sensata cuando es tratada con sensatez. Cuando quieras administrar mejor el tiempo, asegúrate de tratar a tus compañeros con respeto. No lances ataques personales; lo importante es que el trabajo se haga y que cada uno se vaya a su casa para disfrutar del resto de cosas que también forman parte de la vida.

¡Cómo hacer en una mañana el trabajo de un día entero!

Aun teniendo presentes las técnicas para trabajar «más inteligentemente», siempre habrá alguna mañana tan complicada que nos produzca una ansiedad casi insoportable. Para soportar esos momentos se pueden utilizar una serie de técnicas muy efectivas. Sin embargo, hay que decir que dichas técnicas sólo te funcionarán ocasionalmente; ¡si tuvieras que trabajar así todos los días, te quemarías enseguida! (De hecho, si éste es tu caso, deberías analizar seriamente tu trabajo, la forma en que trabajas y tu entorno laboral. ¿Son los adecuados?)

Por supuesto que algunos trabajos, como preparar por las noches la edición de un periódico para el día siguiente, no los aceptamos si no comprendemos que tienen fases de calma y otras de mucha presión.

En su libro *De Bono´s Thinking Course*, Edward De Bono propone una serie de técnicas de «pensamiento rápido». Una de ellas es:

Solucionar problemas y tomar decisiones en cinco minutos: el método LEP

L – Localizar el objetivo – 1 minuto
E – Explorar soluciones – 2 minutos
P – Ponderar y decidir – 2 minutos

Es un método magnífico para solucionar problemas y tomar decisiones cuando hay un tiempo límite. Imagínate que tienes que solucionar un problema. El primer paso, que dura 1 minuto, es «localizar el objetivo». Es decir, definir cuál es el problema e identificar lo que hay que solucionar. Este paso es crucial, porque a menudo intentamos solucionar «otro problema» o no damos con la solución adecuada.

El segundo paso (de 2 minutos) es «explorar soluciones». Dicho de otra manera, pensar en el mayor número posible de soluciones. Hay que anotar cada idea. No es el momento de evaluar las ideas, sino de aportar más cantidad que calidad.

El tercer paso (de 2 minutos), «ponderar y decidir», consiste en analizar las ventajas concretas de las ideas generadas en el segundo paso y en elegir una de ellas. Si la decisión se toma en grupo, es necesario que todos sus miembros se involucren.

En los tres pasos es imprescindible ajustarse al tiempo marcado.

Cuando hay que trabajar muy deprisa la pregunta clave es: «¿Qué es lo más importante que tengo que hacer ahora?» Como hay mucho trabajo, es vital obtener resultados rápidos.

Para terminar, no olvides que cuando el tiempo escasea es aún más importante planificar. Cuando hay poco tiempo, la tentación es empezar por el trabajo más fácil: sin duda, un camino que va directo al fracaso.

2. Anticipación

En realidad, la ansiedad es siempre «anticipada». El estrés o la ansiedad anticipados pueden actuar de dos formas. Todos tenemos miedos basados en la posibilidad de que algo (real o imaginario) ocurra. En la primera forma de ansiedad anticipada creemos con tal intensidad que «algo malo» ocurrirá en el futuro que nuestra actitud casi «crea» las circunstancias para que eso mismo ocurra. Un poco más adelante veremos cómo sucede esto cuando, por ejemplo, tenemos que hacer una presentación en el trabajo. Las sensaciones de ansiedad son normales y probablemente tengan su origen en los procesos evolutivos. (Casi todos los animales tienen algún tipo de miedo instintivo; en su nivel más básico es el miedo a ser devorado por otro animal.)

En la segunda forma de ansiedad anticipada prevemos, con razón, el suceso futuro que hace que estemos ansiosos. Reaccionamos de muy diversas maneras:

- No hacemos nada.
- La ansiedad se retroalimenta y como resultado estamos todavía más ansiosos.
- Usamos la «ansiedad anticipada» como emoción positiva.

Analicemos ahora cada una de las reacciones con más detalle.

No hacemos nada

La ansiedad laboral puede ser debilitante, pero eso suele pasar porque no hacemos lo que podríamos hacer con la antelación suficiente para combatir la ansiedad que sentimos. Nos decimos: «Si me pongo una venda en los ojos, desaparecerá». Pero, a menudo, las circunstancias que producen ansiedad (relaciones laborales complicadas, falta de tiempo, etcétera) *no* desaparecen. Y el peligro está en que, si no hacemos nada, perpetuamos y agrandamos las circunstancias que han generado la ansiedad inicial. A continuación pongo un ejemplo imaginario de lo que podría suceder:

Como no has administrado bien el tiempo, a la hora de trabajar hay una parte importante del trabajo que no está hecho y que, por tanto, tendrás que hacer en casa el fin de semana. Haces lo que está pendiente a trancas y barrancas sin ver la realidad, que debías haber terminado todo dentro del horario laboral. Tal vez haya una buena razón para ello, pero también es posible que hayas perdido mucho tiempo durante el día. Al final, has terminado el trabajo, y la ansiedad disminuye.

A la semana siguiente te encuentras con un problema similar, con un desafío parecido. Pero en esta ocasión la presión es un poco más fuerte. Estás convencido de que saldrás del paso (como la vez anterior), pero resulta que te quedas a trabajar por las noches, tienes que llevarte de nuevo el trabajo a casa, te muestras irritable con tus colegas (dañando, en consecuencia, potencialmente tus relaciones) y la falta de tiempo te hace estar más ansioso. La próxima vez... bueno, ya sabes el resto.

Lo que pasa aquí es que, si no analizamos honradamente las causas de los problemas, no hacer nada al respecto aumenta las posibilidades de que vuelvan a ocurrir.

La ansiedad se retroalimenta y como resultado estamos todavía más ansiosos

Puede ser que estar ansiosos nos produzca ansiedad. Imagínate que uno de tus jefes quiere verte mañana. No es algo atípico, como tampoco lo es la reacción que desencadena. Probablemente, a menos que tengas con esa persona una relación laboral buena y abierta, te genere ansiedad no saber por qué razón te ha convocado y que te preguntes: «¿Qué he hecho mal?», «¿En qué me habré equivocado?», «¿Qué querrá decirme?». Quizá te vengan a la mente algunas respuestas positivas, pero es más probable que se te ocurran antes las negativas, y que superen en número a las primeras. Y, lógicamente, los pensamientos negativos aumentan el nivel de ansiedad.

En ese caso, lo que necesitas es recuperar el control de la situación. Si alguien te cita para una reunión, pregunta de qué se trata. En ocasiones puede haber buenas razones de por qué ignoras el motivo (por ejemplo, ¡que te van a ofrecer un ascenso!), pero la mayoría de las veces éstas son evidentes. Si necesitas justificar tu pregunta, di: «Me gusta preparar las reuniones». Conocer los motivos de antemano te permitirá prepararte y hará que la reunión sea más productiva.

En aquellas situaciones en las que no puedas saber si lo que va a pasar es bueno («¡te vamos a ascender!») o malo («¡vamos a tener que prescindir de tus servicios!»), recuerda que estas cosas ocurren una o dos veces en la vida y que su rareza no justifica tu reacción inicial de ansiedad. Repítete a ti mismo que, ante la incertidumbre, el autocontrol es lo único que te permitirá reaccionar positivamente en caso de que tu temor se haga realidad (incluso aunque el resultado no sea tan bueno como esperabas).

En el siguiente apartado hablaré del ataque preventivo a través de la preparación del escenario.

Usar la «ansiedad anticipada» como emoción positiva

Los primeros signos de ansiedad o, tal vez más fuerte, de miedo real, pueden constituir la piedra angular para combatir ese peligro que prevemos. Los sentimientos de preocupación, ansiedad o incluso de miedo pueden ser saludables, si elegimos afrontar la causa del problema desde una actitud positiva y optimista. De hecho, esta ansiedad, enfocada positivamente, puede ayudarnos a lograr un nivel de rendimiento que ni siquiera nos habíamos imaginado.

Así pues, es posible aprender a dar la bienvenida a sentimientos como la ansiedad, porque pueden brindarnos una buena e inesperada oportunidad de adquirir una perspectiva positiva de una situación. Pondré un ejemplo de cómo podemos llevar esto a cabo mediante el modelo «ABCDE» de Martin Seligman, del que he hablado en un capítulo anterior; tal vez te resulte útil consultar de nuevo este modelo (véase la pág. 97).

EJERCICIO

Supongamos que eres una de las muchas personas a las que no les gusta hacer presentaciones. Por lo menos en algunos casos ese miedo ha nacido de una mala experiencia. En primer lugar, anota esa experiencia (la «**adversidad**») y las razones por las que crees (las «**creencias**») que fue mala. O, si próximamente tienes que hacer una presentación, escribe por qué crees que podría salirte mal o que te saldrá mal. Por ejemplo, la «adversidad» puede haber consistido en que perdieras tus notas o en que el público se impacientara y se aburriera. En las «creencias» quizás escribas cosas como «nerviosismo», «miedo a equivocarme», «miedo a que nadie me preste atención» o «nunca se me han dado bien las presentaciones», etcétera.

En las «**consecuencias**» anota qué te ocurrirá si te sientes tal como has puesto en las «creencias». Por ejemplo, tal vez intentes evitar situaciones futuras en las que tengas que hacer una presentación (un grave obstáculo para la gente ambiciosa, pues la facultad de hablar en público es una habilidad profesional esencial).

La «**oposición**» puedes abordarla de muchas maneras. Coge cada una de las creencias y cuestiónala desde tantos puntos de vista como se te ocurran. Pregúntate:

- ¿Está mi reacción (las consecuencias) justificada por mis creencias?
- ¿Y las propias creencias? ¿Están justificadas? Recuerda: ¡todo el que acuda a tu presentación estará de tu parte!
- ¿Por qué tengo que pasar tanto tiempo supeditado a mis propias creencias cuando me generan sentimientos negativos?
- De todas maneras, ¿por qué creo eso? ¿Son reales mis creencias? Al igual que en la vida, el éxito o el fracaso de una presentación depende de tu actitud. (Si te autoconvences de que nadie querrá escucharte, acabarás hablando en voz tan baja que no se te oirá, y como resultado nadie querrá escucharte. ¡Tendrá lugar la profecía de cumplimiento automático!)
- Si antes has vivido una mala experiencia, ¿qué motivos reales la provocaron? ¿Creaste tú mismo las condiciones que temías? ¿Te preparaste adecuadamente? ¿Tu miedo a equivocarte era racional? (Al fin y al cabo, todos nos equivocamos.)
- ¿Qué medidas constructivas puedo adoptar para evitar la «adversidad»?

Después de cuestionar tus creencias, deberías ser capaz de contemplar la posibilidad de adoptar una actitud diferente y más productiva, de manera que la idea de hacer una presentación te dé más energía («energizar») en lugar de, simplemente, producirte ansiedad. Pasando por este proceso aprendes a ser optimista y a emprender las acciones necesarias para hacer que el éxito sea posible.

Estar ansioso ante los grandes «cambios vitales»

Consideramos que el trabajo es un aspecto tan central de nuestras vidas que, cuando vemos que se avecina algo que puede hacer tambalear nuestra estabilidad profesional, sufrimos ansiedad. El miedo a ser despedidos, los cambios en la forma en que trabajamos, un nuevo jefe o los rumores de una adquisición por parte de otra compañía o un traslado son ejemplos de cosas que ponen en entredicho esa estabilidad. En mis libros *Positive Thinking, Positive Action* y *Make Your Own Good Fortune*, sugiero actitudes que podemos adoptar cuando esas situaciones ya están ocurriendo.

En lo referente a temas que pueden afectar radicalmente a nuestras vidas, es importante tomar conciencia de que nuestra reacción emocional inicial es del todo natural y normal. Sin embargo, es vital tener presente que esto también es válido en aquellas circunstancias en que anticipamos determinados acontecimientos. De hecho, en esta última situación la ventaja (aunque tal vez estemos demasiado ansiosos para notarlo) radica en que tenemos tiempo para reflexionar en las distintas opciones. La «rumorología» puede ser destructiva cuando, a medida que la información se extiende, los hechos se convierten en semiverdades o verdades parciales. Pero también puede proporcionarnos un sistema de alerta temprana que nos haga percibir algo que podría desafiar nuestra seguridad. Nos llegue como nos llegue esta información (y podría ser a través de nuestra propia intuición), es probable que entremos en un proceso de reacción emocional (que posiblemente incluirá la negación) y de argumentación acerca de por qué el acontecimiento que prevemos no sucederá («¿Por qué iban a querer comprar la empresa?»), que acabará en la aceptación y, finalmente, en la acción cuando decidamos qué hacer al respecto.

Imagínate que has oído rumores de despidos en tu departamento o sección. Tu reacción inicial probablemente sea emocional: un «desastre» («¡Eso es porque no soy bueno en mi trabajo!»), y quizá vaya acompañada de la negación («No me echarán»). Después tal vez empieces a racionalizar tu negación («¡La empresa no puede prescindir de mí/de nosotros!», «Es mucho más factible que cierren la oficina de Manchester», etcétera). Sólo cuando empieces a contemplar la posibilidad de que realmente suceda podrás aceptar su verosimilitud. En esta etapa a lo mejor reflexionarás sobre acciones posibles que emprender: desde ponerte a buscar otro trabajo enérgicamente hasta declararte en huelga.

Planificar el escenario de los grandes cambios vitales

Piensa otra vez en la situación imaginaria que te acabo de plantear en la que oyes rumores de que van a despedir a gente. En lugar de conformarte con una reacción emocional puedes escoger una actitud más activa frente a esos posibles cambios. Por ejemplo, podrías optar por «planificar el escenario»; es decir, visualizar un abanico de posibilidades futuras, tanto buenas como otras que te parezcan menos buenas, y preguntarte: «¿Qué haría si pasara X, Y o Z?» Los más perspicaces quizá se pregunten si haciendo esto no plantamos las semillas para que aumenten los niveles de la ansiedad anticipada. Pero eso dependerá de nuestra reacción frente al posible escenario.

Como ya hemos visto, la ansiedad leve puede realmente ser positiva cuando nos da energía para elaborar un plan construc-

tivo que podamos aplicar, en caso de que el escenario visualizado se produzca; así tendremos la sensación de que ejercemos
control, porque habremos planificado una reacción. Sin embargo, si no pensamos en el escenario futuro o nos limitamos a decir: «Nunca ocurrirá», nos negaremos a nosotros mismos la posibilidad de elaborar un plan.

Lo cierto es que visualizamos escenarios constantemente, y
la persona que planifica una reacción positiva sufrirá menos ansiedad que la que no lo haga. Naturalmente, esto no es un ejercicio que haya que hacer todo el rato, pero si nos dormimos en
los laureles, podemos encontrarnos con sorpresas desagradables en situaciones que a lo mejor nos exigen una reacción casi
inmediata.

3. *Situación*

La falta de claridad acerca del papel o papeles que desempeñamos puede ser causa de ansiedad y estrés laboral. A algunas personas no les importa (consideran que trabajan para cobrar un
sueldo), pero como dice la máxima: «El que trabaja únicamente
por dinero, no obtiene del trabajo más que el dinero». Sin embargo, a la mayoría nos gusta saber cuál es nuestro papel, ya que
medimos nuestro éxito o fracaso en función de nuestra habilidad para desempeñar ese rol exitosamente. Pero tal como apun-
ta Karl Albrecht, la definición de nuestro rol es fuente potencial
de estrés y ansiedad.

A continuación enumero algunas ansiedades típicas relacionadas con los roles, seguidas de unas cuantas técnicas para superar la falta de claridad que las produce:

1. No tener claro tu papel.
2. No tener claro el grado de libertad que tienes para desempeñar tu papel.
3. Incompatibilidad de roles.
4. Inseguridad acerca de tu contribución.
5. Obligaciones incompatibles entre sí, lo que dificulta que cumplas con ellas con un rendimiento del 100 por ciento.
6. Papel poco exigente.

No tener claro tu papel

En esta situación (donde no tienes claro tu cometido y, en concreto, cuáles son las prioridades), lo que necesitas es aclararte recurriendo a tus superiores, especialmente a tu propio jefe. Y, por supuesto, cuando tu jefe delegue en ti o te autorice a realizar determinadas tareas, infórmate de la prioridad de las mismas en relación con el resto de tu trabajo y del nivel de libertad que tienes para hacerlas de la manera que creas oportuna. La mayoría de los jefes creen que se les paga para obtener resultados de la gente que tienen a su cargo, y valorarán la oportunidad de discutir contigo sobre las prioridades de tu trabajo. De lo contrario, coméntales cuáles son los peligros que corren no aclarándote este punto.

No tener claro el grado de libertad que tienes para desempeñar tu papel

A principios de la década de 1990, la jerarquía empresarial tradicional se desdibujó y se amplió, y empezó a darse «libertad personal». Se animaba a los empleados a actuar con mayor determinación en el trabajo. Se dio por supuesto que los jefes tendrían la capacidad para crear un entorno donde la gente se sintiera cómoda para actuar así.

En realidad, no puedes dejar tu futuro profesional en manos de un jefe que, simplemente, no posee las habilidades psicológicas o emocionales necesarias para crear este tipo de ambiente laboral. Te corresponde a ti, por tanto, asumir la responsabilidad, tomar la iniciativa y adoptar un enfoque activo. Es probable que para el jefe inepto sea un alivio que alguien tenga iniciativa (a menos que lo vea como una amenaza a su poder), y los buenos jefes estarán encantados con tu capacidad de decisión.

Cuando no tengas claro el papel que debes desempeñar y la libertad de la que gozas, deberías sentarte con tu jefe e identificar qué cosas puedes hacer a tu manera y cuáles debes hacer según unas reglas, o pidiendo antes la aprobación de la empresa.

Pero este enfoque dependerá de lo receptivo que sea tu jefe. Si no es muy accesible, entonces tendrás que decidirlo todo tú mismo.

Incompatibilidad de roles

En el trabajo tenemos un montón de exigencias, presiones y decisiones que tomar. Es posible que sintamos que tiran de nosotros en diferentes direcciones y a menudo al mismo tiempo. ¿A qué debemos dar prioridad?

Intenta pensar en tu trabajo según las tres áreas siguientes:

1. Las áreas sobre las que ejerces control.
2. Las áreas sobre las que tienes influencia.
3. Las áreas sobre las que no ejerces control alguno.

Si vives una incompatibilidad de roles, quizá te ayude valorar a qué grupo pertenecen el trabajo y la gente relacionada con éste.

Aquello que controlas no debería ser un problema. Donde puedas influir, utiliza esa influencia para animar o disuadir a la persona en cuestión para que cambie de opinión o de sistema; o utiliza la astucia y reduce gradualmente la importancia o significación del trabajo. Tal vez decidas desempeñar tu rol igualmente por razones estratégicas, al pensar que tu influencia ayudará a justificar tus acciones en caso necesario, y que ese éxito te dará prestigio.

En la tercera área (cuando no hay control), sobre todo cuando la otra persona involucrada tiene un puesto de más alto rango, a lo mejor decidimos, también por razones estratégicas, hacer lo que nos piden. Cuando haya una incompatibilidad auténtica, podemos intentar buscar una resolución conjunta (a este respecto son importantes las habilidades de firmeza [«Enfrentamiento»] que veremos en el siguiente apartado), o explicarle a nuestro jefe el problema.

Inseguridad acerca de tu contribución

La necesidad de sentir que estamos contribuyendo en algo es esencial para nuestra motivación: nos da un objetivo. Tradicionalmente, en las grandes empresas era difícil que las personas apreciaran la labor que realizaban porque eran piezas de una gran máquina. Eso facilitaba que el que quisiera pudiera «pasar desapercibido». Hoy en día, su estructura menos piramidal hace que «esconderse» sea mucho más difícil. Malas noticias para los vagos, pero buenas para la persona que quiera ver con más claridad en qué repercute su labor y cuál es su contribución. Contribución que seguramente se reflejará en nuestras relaciones con los demás.

En las estructuras empresariales modernas nuestra red social es menos probable que sea «piramidal» (es decir, «vertical») y que se extienda, en cambio, por toda la compañía y más allá de ésta, como si de una telaraña se tratase. El siguiente ejercicio te ayudará a valorar la extensión y magnitud de tus propias relaciones laborales.

EJERCICIO

Se trata de un ejercicio útil que te ayudará a darte cuenta de la cantidad de gente que depende de tu contribución y que consiste en dibujar un sencillo diagrama como el que ves aquí. Colócate en el centro, y en cada radio escribe los nombres de personas, equipos, departamentos, proveedores, clientes, etcétera, con los que te relacionas en el trabajo. Verás cómo la lista empieza a crecer.

TU NOMBRE

Si dudas del valor de tu contribución, piensa en las cosas que haces para toda esa gente. Luego está el compromiso que asociamos a esa contribución; pero cuanto más valoremos la contribución que hacemos, más probabilidades habrá de que nuestro compromiso sea mayor.

Un estudio reciente realizado en el Reino Unido reveló que el 60 por ciento de la población empleada cree que su trabajo no aporta nada a la sociedad. No me fijé en si ponía en la encuesta que ese 60 por ciento estaba preocupado por ello, pero el resultado tal vez encuentre su explicación en la necesidad de contribución que tenemos. Lo que creemos a menudo no coincide con la realidad. Sí que contribuimos; y es importante que nos recordemos a nosotros mismos lo que eso significa. Nos protege de la sensación de «ir a la deriva» y del vacío generador de ansiedad en que ésta puede desembocar.

Obligaciones incompatibles entre sí

Un clásico ejemplo de este problema para los hombres y mujeres que hoy día trabajan es el conflicto existente entre la vida familiar y profesional. En *Understanding Organizations*, Charles Handy propone «compartimentar» (algo en lo que convendrán especialmente muchos padres trabajadores) para que los roles no se solapen. Aconseja que cuando estés en casa con los niños, hagas tu papel de padre o madre sin estar pendiente del buzón de entrada del correo electrónico. Y que cuando estés trabajando, no llames por teléfono a la canguro o a la guardería para saber cómo están tus hijos. Nadie dice que sea fácil de hacer, pero cuanto mayor sea la tentación de dispersar tu atención, más posibilidades tendrás de estar ansioso por desempeñar bien cada rol.

Por lo menos en mi opinión, no debería haber conflicto alguno en aquellas situaciones cruciales para el bienestar y el desarrollo de tus hijos.

Rol poco exigente

En esta situación puede existir la tentación de ser autodestructivo y de canalizar nuestra necesidad de estar ocupados hacia fines negativos. Las estrategias activas y positivas pueden ser beneficiosas (ofrecerse para absorber más trabajo, iniciar proyectos, etcétera). Cuando el rol exige poco de ti, y estás seguro de que no has malinterpretado tus funciones, de que no tienes un «problema de actitud» y de que has intentado adoptar un enfoque activo, sencillamente no sacarás nada perpetuando ese rol. El «retiro psicológico» puede darse a los 25 o 30 años, y conozco a un montón de trepas que hacen su carrera en una sola empresa y que no están donde están porque les guste su trabajo, sino por el cómodo vínculo que los une a él y que los idiotiza. En realidad, deberíamos actuar buscando nuestro propio bien, o prepararnos para otra cosa si nuestra profesión ha dejado de interesarnos.

El mayor rol de todos

Entre los 18 y los 23 años, muchas personas todavía no se conocen suficientemente bien como para tomar decisiones que puedan afectar al resto de sus vidas. Con bastante frecuencia, hacia los 20 años «aterrizamos» en un trabajo que no es el ideal, pero que nos permite empezar a ganar dinero. Antes de darnos cuenta habremos cumplido 30 años y veremos que nuestra profesión no coincide con nuestras preferencias, necesidades e intereses. Pero llevamos tanto tiempo haciendo lo mismo que, aunque nos hayamos quedado un poco anquilosados y el trabajo no encaje con nosotros tan bien como antes, continuamos haciéndolo. En esas circunstancias, el «retiro psicológico» mencionado en el párrafo anterior empieza muy temprano y es probable que desperdiciemos los próximos 30 años, viviendo pocos desafíos y con poco compromiso por nuestra parte. ¿Produce esto ansiedad? Seguro que lo hará, si tenemos la sensación de que queremos hacer algo más que, simplemente, llevar las cuentas de la empresa. Hay quienes consideran que el trabajo es esencialmente malo, y que no hay ningún empleo perfecto. Y, como sucede con muchas otras creencias fijas, esto se hará realidad si así lo creemos, porque nuestra actitud dirigirá nuestras acciones. Pero también hay mucha gente que sabe que el trabajo *puede* ser bueno.

Conozco a muchísimas personas que aseguran que los 15 años que hay entre los 30 y los 45 pasan volando, y que de pronto se han dado cuenta de que llevan 15 o 20 años en un entorno laboral monótono. Nunca es demasiado tarde para cambiar, y la combinación de una sociedad moderna con una economía mixta hace que hoy eso sea más fácil que nunca.

Lo mismo es aplicable a los lectores jóvenes que poco a poco se han ido percatando de que su trabajo no ha ido en la dirección esperada. El cambio de roles es un gran paso, pero nunca tengas miedo de averiguar qué otras opciones hay. Te recordará que lo que tienes es bueno (y a veces necesitamos recordarlo), o que en algún lugar hay algo que puede encajar mejor con nosotros.

4. Enfrentamiento

Ya hemos llegado a la última de las categorías de Albrecht que generan ansiedad y estrés laboral, y que tiene que ver con nuestra interacción con los compañeros de trabajo. En este punto la ansiedad normalmente surge cuando pensamos de forma anticipada en una reunión o un intercambio verbal con alguien o con un grupo de gente, que creemos que a lo mejor será difícil o, en cierto modo, desagradable.

Acerca de las relaciones humanas suele decirse que «uno recoge lo que siembra». En el capítulo anterior he hablado de las relaciones y de cómo fortalecerlas, y muchas de esas habilidades son igualmente aplicables al trabajo. En algunos de los desafíos laborales relacionados con los demás (tratar con personas complicadas, decir «no», hacer una pregunta difícil), es una actitud de firmeza la que puede ayudarnos a asegurarnos de que:

- nuestros derechos son respetados;
- desarrollamos relaciones profesionales productivas; y
- no se nos piden cosas inaceptables.

Sin embargo, no deberíamos subestimar el valor que tienen el desacuerdo o el conflicto como agentes que conducen a mejoras o a la claridad en el trabajo. Si nos centramos en un tema en cuestión, dejando a un lado las características personales, los desacuerdos pueden ser productivos. Y se puede no estar conforme sin ser antipático. Pero la firmeza también puede actuar de agente preventivo contra el estrés y la ansiedad futuros; si prevemos el problema, planificar un enfoque firme puede reconducirnos en una dirección armoniosa y positiva.

EJERCICIO

Cómo tener seguridad en uno mismo

Con el fin de que puedas trasladar este apartado a tu experiencia personal, procura pensar cuántas veces en los últimos 12 meses has tenido que tratar con una persona difícil o hacer frente a una situación complicada, donde quizá las personas involucradas no eran complicadas, pero sí la situación o tu cometido. Te daré dos posibles ejemplos:

- Decir que «no» a un trabajo porque no te corresponde o porque no tienes tiempo para hacerlo.
- Tener que pedirle algo a alguien sabiendo que la persona tal vez no sea de trato fácil.

Empezaremos definiendo lo que es tener seguridad en uno mismo.

Definición

Decir lo que queremos, necesitamos, sentimos, pensamos o creemos de una forma directa, honesta, adecuada y abierta que respete los derechos de aquellos a quienes te diriges.

(Basado en la definición original de tener seguridad en uno mismo hecha por los expertos KATE y KEN BACK.)

A menudo se confunde la propia seguridad con la agresividad. Decimos: «Esta persona tiene mucha seguridad en sí misma», cuando en realidad es agresiva porque da órdenes, impone sus «deseos» a los demás y no escucha demasiado. Uno de nuestros derechos consiste en poder decir lo que pensamos y ser escuchados. Es un derecho que, con frecuencia, nos niegan aquellos de los que decimos que tienen mucha «seguridad en sí mismos» cuando, de hecho, lo que hacen es imponer su voluntad.

En el reverso de la moneda, un indicio de ansiedad puede ser un «comportamiento pasivo» o no firme (cuando no logramos decir lo que queremos, necesitamos, pensamos, sentimos o creemos, directa, honesta y abiertamente). Los motivos pueden ser diversos: pérdida de confianza, poca autoestima, una relación defectuosa con la persona en cuestión, o que nos intimida el hecho de que la otra persona sea nuestro jefe. También puede pasar que siempre digamos «sí» a todo o que evitemos el contacto con la gente que nos parece difícil. O que digamos: «No, si no es nada, en realidad». En el comportamiento pasivo uno suele minusvalorarse o no ver sus éxitos.

La seguridad en ti mismo no siempre te funcionará, pero es el enfoque con el que tendrás más oportunidad de obtener un buen resultado. Con respecto a las personas muy complicadas y con las que no podemos trabajar (como las previamente mencionadas en la historia de Jacqueline) podemos intentar, hasta donde nos sea posible, apartarnos de su esfera de influencia. Y ni que decir tiene que las agresiones verbales o físicas son inaceptables y que tenemos todo el derecho a marcharnos.

Si prevemos un enfrentamiento que quizá nos cree problemas, podemos «planificar» una actitud firme. A continuación utilizaremos un enfoque sistemático que nos ayudará a prepararnos ante semejante desafío.

Visualizar la situación

Empezamos con una afirmación general que iremos diciendo una y otra vez acerca de la situación que probablemente se nos presente, y del enfoque que deberíamos adoptar frente a la persona que creemos que puede causarnos problemas. Supón, por ejemplo, que tienes que hablar con un compañero de trabajo que ha hecho algo que le habías encargado y que no está tan bien como esperabas. Deduces que, aunque para ti era importante, para él no debía de ser prioritario y, como consecuencia, no lo ha hecho adecuadamente. Podrías visualizar la siguiente situación:

«Quizá sea difícil, pero si me controlo a mí mismo y controlo la situación, todo irá bien. Sé que tal vez no se lo tome muy bien, pero tengo que dejarle hablar para escuchar su versión. Le escucharé, me controlaré, seré positivo, colaboraré e intentaré llegar a un acuerdo. No obstante, no debo olvidar que esto es importante y que mi objetivo es asegurarme de que no vuelva a pasar».

Diálogo interno sano

Si nos encontramos en una situación en la que prevemos un enfrentamiento con alguien que nos parece complicado, necesitamos prepararnos no sólo de cara a la situación y la posible actitud de la otra persona, sino también para el abanico de posibles reacciones. Para preparar un diálogo hay que mantener las diversas conversaciones internas que puedan llegar a darse. Cuando nos anticipamos a las reacciones, somos más capaces de manejar la situación en caso de hacerse realidad.

Volviendo al escenario visualizado en el apartado anterior, puedes prever las posibles reacciones de tu colega de diversas maneras:

- Desacuerdo total.
- Que su excusa no justifique lo mal que ha hecho el trabajo.
- Que dé una buena razón que *sí* lo justifique.
- Que esté de acuerdo contigo.
- Que se muestre avergonzado.
- Reacción emocional.

Si tu situación lo permite, crea diálogos internos para todos estos escenarios posibles. Pero hay que dejar muy claro que en cualquier situación en la que necesitemos mostrarnos firmes con los demás, es preciso mantener el control tanto de nosotros mismos como de la situación en sí. No se trata de ser agresivo ni de doblegarse a los deseos ajenos, sino de mantener una perspectiva equilibrada.

Después de la visualización y los diálogos internos, ya podemos entrar en acción. El momento y las circunstancias son importantes. Si el asunto es delicado, no hay que hablarlo delante de nadie más ni sacar el tema cuando la otra persona está haciendo otra cosa. Pero tampoco es bueno posponer el encuentro. En el capítulo que habla de las relaciones he analizado una serie de habilidades esenciales para construir relaciones más sólidas, y algunas de ellas también pueden aplicarse aquí.

Cuando debas enfrentarte con alguien que quizá sea complicado, ten presente la siguiente y sencilla lista:

- **Recuerda qué es lo que quieres.**
  Ten claro el objetivo de la conversación.
- **Averigua si la otra persona ve las cosas como tú.**
  Los demás tienen tanto derecho como tú a ser escuchados

y a no estar de acuerdo contigo. Tu conducta debe ajustarse a los puntos de vista de la otra persona, así que...

- **...Escucha y pregunta.**
  Escuchar de verdad significa hacer lo posible por ponerse en el pellejo del otro. Elimina tus posibles prejuicios acerca de la situación. Pregunta abiertamente (quién, qué, por qué, dónde, cuándo y cómo) para comprobar y confirmar tu versión. Un buen indicio de que escuchas y haces preguntas es observar cuánto rato habla la otra persona, sobre todo al principio del encuentro. Al principio debería ser ella quien más hablara.

- **Sé directo (pero no ofensivo) y no andes con rodeos.**
  Dile cómo te sientes. No te apartes del tema. Haz pausas para pensar, especialmente cuando el desacuerdo es notorio (esto ayuda a controlar parte de la «intensidad» emocional de la situación.

- **Aspira a una victoria segura.**
  Busca el acuerdo mutuo y céntrate en los puntos de unión.

Recuerda: las buenas relaciones laborales consisten en que el trabajo se haga. Para ello, en ocasiones hay que comprometer una amistad estrecha, sobre todo cuando hay que encargar tareas a aquellas personas con las que uno se lleva bien. Pero si te diriges a la gente desde un enfoque saludable y firme, que respete sus derechos y los tuyos, podrás tener relaciones buenas y conseguir que el trabajo se haga. Es más, te respetarán por ello.

El escudo protector

En los momentos difíciles necesitamos una especie de escudo o «caparazón» que nos permita continuar hacia delante cuando la presión laboral empieza a producir efectos adversos en nosotros. Este efecto adverso tal vez tenga la forma de un sentimiento de ansiedad general por tener que ir a trabajar o esté relacionado con algo más específico. Sean cuales sean las circunstancias, la sensación adversa que tenemos significa que en el mejor de los casos (y no es algo precisamente «positivo») no podremos trabajar al máximo nivel de capacidad, y en el peor, si no prestamos atención al sentimiento, nuestra salud física y mental se verá afectada.

Un «caparazón» nos protegerá, y podemos crearlo repitiendo mentalmente una serie de afirmaciones positivas sobre nuestra capacidad para superar los desafíos, o cuando veamos que hemos recaído en antiguos y negativos hábitos. El arte de pensar positivamente acerca de situaciones laborales que nos producen ansiedad está basado en la realidad. A continuación pongo algunos ejemplos de afirmaciones que podemos utilizar para crear nuestro caparazón:

- Defenderé mis propios intereses, pero entiendo que los demás también tienen derecho a hacerlo.
- Merezco ser tratado con respeto y, de no ser así, reaccionaré en consecuencia.
- Defenderé lo que creo que son mis derechos y respetaré y honraré también los de los demás.
- En los momentos difíciles debería esforzarme aún más por poner en práctica el elevado comportamiento al cual me he comprometido (administrar el tiempo, por ejemplo).

- Diré que no sé algo cuando no lo sepa; ¡pero procuraré informarme!

Este «caparazón» protector no hay que contemplarlo como una serie de interesantes afirmaciones que simplemente están ahí. Se trata de unos principios reguladores que deben reflejarse en nuestro comportamiento actual. Deberías trabajar de acuerdo con estas afirmaciones y aplicarlas en aquellas situaciones que crees que te producen ansiedad.

Un «caparazón» también puede servirnos para otros aspectos de la vida; en un capítulo anterior lo hemos utilizado para administrar bien el dinero (véase pág. 116).

¿Ansiedad o estrés?

En este capítulo he ampliado el tema de la ansiedad para cubrir el «estrés». Mientras que la ansiedad fuera del lugar de trabajo tiene connotaciones que derivan en preguntas existenciales de mayor calado, en el trabajo ansiedad y estrés van de la mano. Karl Albrecht identifica cuatro causas de estrés laboral, que constituyen la columna vertebral del presente capítulo y que son también las causas principales de la ansiedad. Si no conseguimos administrar nuestro tiempo, desempeñar nuestro papel, desarrollar relaciones sólidas o manejar situaciones que podrían afectar a nuestro futuro, naturalmente, nos estresaremos. Pero entonces estas sensaciones de estrés desembocarán directamente en la aprensión laboral y, en un caso extremo, en el miedo hasta de ir a trabajar.

Tal como sugerí en la introducción del libro, toda ansiedad está basada en cierto grado de aprensión al futuro (incluso aunque ese futuro sea el minuto siguiente). Una de las cuatro causas de estrés que Albrecht enumera (la anticipación) está, por tanto, en la raíz de la ansiedad. En este caso se produce una inversión de roles, ya que es la ansiedad la que provoca estrés. Pero esto entra ya en la pura teoría. Lo importante es recordar que hay pasos prácticos que podemos aplicar para mitigar las causas. Su aprendizaje requiere tiempo. La persona pasiva no mostrará firmeza de inmediato, y a la agresiva le costará morderse la lengua, pero la práctica hace al maestro.

También vale la pena que recuerdes que no estás casado con tu trabajo. No es sano definirse únicamente en función del trabajo y no analizarse desde ningún otro rol, porque en los momentos difíciles tu rigidez mental no te permitirá diseñar una estrategia de escape. Tal como hemos visto antes en la historia de Jacqueline y en las de Alan y Heather en capítulos previos, tener vías de escape (Jacqueline), ponerse al día y/o modificar el propio rol dentro de la empresa (Alan) y cambiar de trabajo (Heather), pueden ser una forma sana de ver tu vida desde otras dimensiones y no sólo desde la que ahora, al parecer, te limita.

Tienes la capacidad para hacer mucho más que una sola cosa. Nunca lo olvides.

6

TIEMPO:

¿Adónde se ha ido?

Sea dejándote enterrar en la arena de la playa por un niño
de cuatro años o recorriendo las iglesias de Francia,
es necesario desconectar y hacer algo distinto de vez en cuando.
El verano es una época especial, y creo que habría que disfrutarlo.
Esa idea tan extendida de que todos deberíamos trabajar más
y disponer de menos tiempo para el bienestar espiritual
me parece especialmente absurda.

MARK MARDELL, periodista de la *BBC Website magazine*

¿Por qué no queremos divertirnos?

No hace mucho asistí a una fiesta infantil y me sorprendió la ansiedad que fue capaz de crear la anfitriona, quien dirigió la fiesta en función de un horario rígido autoimpuesto por ella misma. La primera norma era que la fiesta duraría dos horas. Le asignó a una amiga la tarea de ir consultando el reloj (a las 16.30 había que sacar el pastel), con lo que le traspasó a ella su propia ansiedad (la amiga, que no llevaba reloj, se puso nerviosa porque no encontraba su móvil, que sí tenía reloj). En el momento del pastel, sacaron repentinamente a todos los niños de la piscina, que lo estaban pasando de cine chapoteando en el agua y que habrían seguido tres horas más en ella. Después del pastel, fueron enviados al jardín posterior de la casa, donde jugaron tranquilamente fingiendo dar de comer a las muñecas. Pero muy pronto fueron las 17.30 horas y, a pesar de que todos estaban de lo más relajados, era hora de irse.

El hecho de que la anfitriona impusiese innecesariamente un horario tan rígido hizo que nadie disfrutara de verdad.

La anécdota me pareció una útil metáfora de la presión temporal a la que nosotros mismos nos sometemos. Es como si nuestra preocupación por el tiempo hubiese eliminado la espontaneidad que necesitamos en la vida, y que actúa de excelente contrapeso de la ansiedad. Los momentos espontáneos inesperados son inestimables. En este capítulo analizaré lo beneficioso que resulta reservarse tiempo para uno mismo y para las cosas que nos importan. Te daré cinco maneras de replantearte tu propia noción del tiempo y de lo que haces con él.

1. Replantéate el pasado, el presente y el futuro

Estamos continuamente expuestos a historias terribles (algunas justificadas y otras no) a través de los medios de comunicación, y combatirlas no implica hundir la cabeza en la arena y esperar a que desaparezcan. Antes bien, deberíamos alegrarnos de saber que nuestra raza ha sobrevivido, volviéndose infinitamente más inteligente, innovadora e ingeniosa, que ha dado respuesta a algunos de los grandes problemas que nos amenazaban, y que no muestra indicio alguno de ser más débil que en cualquier otro momento de la historia ni de que vaya a serlo en el futuro.

Darse cuenta de lo que sucedió en el pasado, de lo que sucede en el presente y de las cosas buenas que quizás ocurran en el futuro puede ser un valioso recurso para aquellos a quienes ese futuro produce ansiedad. En su libro *Riding the Waves of Culture* [Cabalgar por las olas de la cultura], Fons Trompenaars sugiere que todas las culturas del mundo tienen orientaciones temporales ligeramente distintas. Algunas, como las que giran sobre todo en torno a unas creencias religiosas, ven el presente y el futuro sólo desde la perspectiva de las enseñanzas religiosas del pasado. Las culturas muy centradas en el presente y el futuro, como Estados Unidos, son así porque tienen poco pasado al que remitirse. Otras, como China, creen que existe una fuerte conexión entre los tres: pasado, presente y futuro. Podríamos debatir durante horas sobre el tema, pero, en lo que a nosotros respecta, lo que nos interesa es la orientación temporal individual, porque todos tenemos una también. De hecho, la orientación temporal de cada uno de nosotros se cimenta en la educación recibida.

Así pues, ¿qué relación hay entre esto y la ansiedad? La respuesta es que poseer diferentes orientaciones tiene sus aspectos positivos, pero también algunos peligros, si nos estancamos demasiado en una de ellas. Después de examinar la orientación pasada, la presente y la futura, tal vez te resulte útil echar un vistazo a la tuya propia.

Orientación hacia el pasado

Aspectos positivos de esta orientación

- Podemos aprender de nuestros errores; los errores del pasado son fuente de conocimiento futuro.
- Los recuerdos son importantes generadores de alegría y placer.

- Los logros del pasado pueden dar confianza en el futuro.
- La historia es mentalmente estimulante.

Peligros de estar demasiado anclados en el pasado
- Los sentimientos de «nostalgia» melancólica acaparan nuestros pensamientos anclados en un pasado irrepetible.
- Somos incapaces de relacionarnos con el mundo tal como es.
- La creencia de que el pasado fue maravilloso implica que no damos ninguna oportunidad de éxito ni al presente ni al futuro.
- Dedicamos toda nuestra energía a recrear el pasado en lugar de disfrutar del presente y proyectar un futuro positivo.
- A medida que nuestro futuro se acorta y nuestro pasado se alarga, existe el peligro de sentir que no hay nada por lo que vivir.
- Podemos creer que el único camino posible es el que siempre hemos cogido y convertirnos así en víctimas.
- Corremos el peligro de vivir la vida como una autobiografía ya escrita a la que no podemos añadir ningún capítulo más.

Orientación hacia el presente
Procuro hacer un esfuerzo activo para lograr ser permanente y cotidianamente consciente de la belleza de la vida en sus pequeñas, complejas y triviales manifestaciones.

Erica, una colega de Bosnia

Aspectos positivos de esta orientación
- Dejamos que haya una espontaneidad total en nuestras vidas.

- Agradecemos y disfrutamos de lo que nos rodea; vivimos «el momento».
- Hacemos frente a los problemas porque es más probable que los consideremos inminentes.
- Adoptamos una actitud de «acción».

Peligros de estar demasiado anclados en el presente
- Si no tenemos proyectos ni objetivos que alcanzar, podemos sufrir falta de motivación.
- Si no orientamos nuestros pensamientos hacia el futuro, podemos perder el norte.
- La falta de planificación y no mirar hacia delante puede darnos desagradables sorpresas.
- La ansiedad que tal vez no tengamos porque vivimos en el presente, puede volverse en contra nuestra. Un nivel controlable de ansiedad produce un sistema de alerta temprana y una llamada a la acción.

Orientación hacia el futuro
Aspectos positivos de esta orientación
- Tenemos objetivos por los que luchar.
- Solemos ser optimistas, o usar nuestro pesimismo respecto al futuro para entrar en acción.
- Nuestro esfuerzo presente será recompensado con el éxito futuro.
- La posibilidad de ese éxito futuro nos motivará.
- Nos recuerda que no somos inmortales, y nos mueve a la acción porque queremos hacer cosas antes de que llegue nuestra hora.

Peligros de vivir en el futuro

- Nunca nos detenemos a disfrutar del aquí y ahora.
- Corremos el riesgo de vivir en un mundo irreal basado en el futuro, pero hacemos poca cosa para que ese mundo se haga realidad.
- Ignoramos los desafíos actuales porque todos nuestros pensamientos están orientados hacia el futuro.
- Pensar siempre en el futuro puede implicar que nos volvamos inflexibles acerca de lo que es necesario hacer en el presente.
- Si nunca logramos nuestros grandes objetivos futuros, quizá nos arrepintamos de no haber sacado el máximo partido a lo que tenemos alrededor.

Una solución

Hay un escenario que nos permite extraer los aspectos positivos de cada una de las dimensiones temporales, y que está perfectamente resumido en el diagrama de la página siguiente. Tres círculos yuxtapuestos que representan las orientaciones temporales del pasado, el presente y el futuro. La idea es que obtengamos lo mejor de cada círculo (en el diagrama, donde aparece la flecha) y lo utilicemos para contrarrestar los aspectos productores de ansiedad que contienen.

Si podemos desarrollar una posición que use las tres dimensiones temporales:

- el conocimiento y la información que el pasado proporciona,
- el placer y la espontaneidad del presente,
- y un enfoque hacia el futuro motivador y optimista,

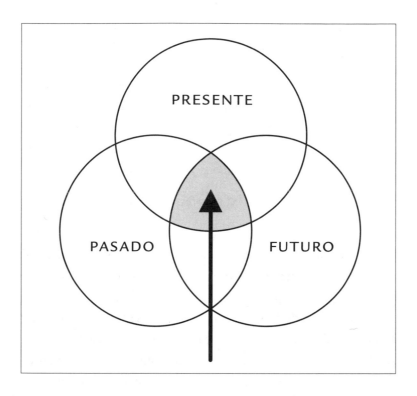

podemos añadir un montón de enfoques positivos para manejar nuestra aprensión.

Sé que muchas personas están bastante contentas viviendo en una orientación temporal concreta, y no estoy en absoluto insinuando que haya que apartarse de aquella dimensión en la que uno esté cómodo. Lo que digo es que, si padeces ansiedad, tienes miedo o aprensión, tal vez sea porque estés involuntariamente anclado en una de ellas y necesites encontrar la manera de salir o comprender por qué te sientes como te sientes. Para que te sea más fácil, hazte las siguientes preguntas: «¿Qué he hecho?», «¿Qué estoy haciendo?» y «¿Adónde quiero llegar?»

2. Toma decisiones en el momento oportuno y no constantemente

> *La amenaza crea una actitud mental de ansiedad y atrincheramiento donde la conciencia está limitada y orientada a impedir esa amenaza, en lugar de crear la actitud espaciosa y abierta que la lenta adquisición del conocimiento necesita para funcionar.*
>
> GUY CLAXTON, *Cerebro de liebre, mente de tortuga*

A menudo nos presionamos a nosotros mismos sin necesidad imaginándonos que no tenemos ni mucho menos el tiempo que tenemos. Por ejemplo, cuando tomamos decisiones, solemos sentir la presión de tomarlas deprisa. Y no se trata de posponer nada, sino de decidir cuando sea *necesario*. Guy Claxton, cuya cita ha iniciado este apartado, habla de cómo el cerebro «piensa» incluso aunque no lo haga conscientemente. Una combinación de diferentes procesos mentales en nuestras mentes inconsciente, subconsciente y consciente tiende a dar con soluciones que quizá no hubiésemos encontrado, de habernos presionado a nosotros mismos para hallar respuestas.

Piensa en alguna ocasión en la que, de pronto, te haya asaltado una idea mientras deliberabas lentamente un tema en lugar de «devanarte los sesos» para encontrar una solución. Estas «ideas repentinas» acostumbran a venir cuando la mente inconsciente trabaja lentamente y entra en contacto con nuestros pensamientos conscientes, porque le damos tiempo para hacerlo. ¿Habrías encontrado una solución de haber reducido significativamente el tiempo disponible para pensar en una respuesta?

Probablemente no. Tal vez nos justifiquemos a nosotros mismos diciendo que, debido a las presiones temporales a las que decidimos someter nuestras propias vidas, necesitamos tomar las decisiones deprisa y dejar así el cerebro libre para meditar sobre las posibles soluciones siguientes.

Pero, en realidad, lo que posiblemente hagamos sea dar con la mejor solución en función de la poca cantidad de información disponible y del poco tiempo que nos hemos permitido. De modo que aquellos que sufran ansiedad temporal vale la pena que se pregunten:

- ¿Cuánto tiempo tengo realmente para tomar esta decisión?
- En cuanto le haya dado al problema o a la oportunidad un lugar en mi mente donde aposentarse, ¿podré dejar de «darle vueltas» e intentar forzarme a mí mismo para encontrar una solución?
- ¿Puedo confiar en que hallaré una solución cuando haya dejado de pensar en ella conscientemente? (Debemos estar preparados para confiar tanto en nuestra intuición, que quizá tarde en activarse, como en los procesos de pensamiento profundos, que trabajarán para encontrar una solución aun cuando no seamos conscientes de estar pensando en ellos. En esta situación aplicamos una especie de «interruptor de luz tenue» mental. La luz sigue encendida, pero es tan tenue que apenas ilumina. No obstante, sigue funcionando.)

Tal como sugiere la cita de Guy Claxton, la amenaza y el miedo pueden inclinarnos a la ansiedad, lo cual nos obliga a tomar decisiones rápidas que nos ayuden a mitigar esa misma amenaza o miedo. A menudo tenemos mucho más tiempo del que imaginamos. No temas hacer uso de él.

3. Crea «margen»

Richard Swenson ha escrito profusamente sobre lo que denomina el «margen» vital; ese espacio que dejamos para el descanso, la relajación, el ocio, y algunas veces simplemente para la meditación. Al parecer, es mucha la gente que tiene muy poco tiempo para «sí misma», y las encuestas demuestran que dormimos menos que antes. Por lo visto ver la tele llena gran parte de ese tiempo extra. Pese a la creencia de que las sociedades posindustriales tienen culturas laborales de largas jornadas de trabajo, la mayoría tenemos más tiempo de ocio y trabajamos menos horas anuales que en cualquier otro periodo de los últimos 500 años. Tenemos un mínimo de 30 días laborales de vacaciones (días festivos más los días de vacaciones legales), además de entre 100 y 120 días más (fines de semana/días de la semana), dependiendo del número de horas semanales que trabajemos. Y, sin embargo, estamos convencidos de que tenemos menos tiempo que nunca.

Hay suficientes pruebas como para afirmar que la mayoría de este tiempo extra lo pasamos delante de la televisión o de una pantalla de ordenador. Así que tal vez el problema no sea tanto el tiempo como lo que hacemos con ese tiempo. ¿Están sufriendo las relaciones tradicionales y los lazos (familiares, comunitarios, etcétera), debido a la naturaleza fragmentada de nuestro tiempo libre?

Intenta dejar el «margen» en blanco

El universo, que está en constante expansión, contiene miles de millones de estrellas, planetas, antimateria, materia oscura, agujeros negros, etcétera. En otras palabras, montones de «materia». Pero entre la «materia» hay enormes cantidades de espacio que no albergan casi nada en absoluto. El universo existe tanto por este espacio vacío como por la «materia». En nuestras propias vidas también tenemos montones de «materia». Pero, al igual que el universo, probablemente funcionemos mejor cuando estamos preparados para contemplar la idea de un espacio abierto, y estamos encantados de no tener que llenar los huecos. Los grandes científicos y escritores aseguran que suelen disfrutar cuando pasan medio día simplemente «pensando».

Aprender a no hacer nada, a contemplar o quizás a meditar, pero sobre todo no tener que estar constantemente haciendo algo es una habilidad que requiere mucho tiempo. Pero, si logras aprenderla, te ayudará a restaurar el equilibrio y el orden en tu vida.

En cierto modo, la famosa siesta mediterránea es una forma de descansar cuando los niveles de energía son igualmente bajos (a primera hora de la tarde, cuando hace mucho calor). Estoy seguro de que la mayoría de la gente cree que la siesta es una idea muy, muy buena.

Así que la lección es que, en la medida de lo posible, no te sientas culpable por no hacer nada. Tus pensamientos podrán estar libres y llevarte adonde tú quieras. Sin embargo, lo más importante es olvidarse del tiempo.

Tómate un tiempo para respirar

Una simple técnica para ayudarte a alcanzar un estado más pacífico y menos ansioso (y me han dicho que funciona bien con las personas que tienen problemas para conciliar el sueño) consiste en practicar el ejercicio de respiración 7/11.

EJERCICIO

Simplemente, inspira durante siete segundos hasta llenar los pulmones. Después saca el aire durante 11 segundos hasta haberlo espirado todo (en su mayoría dióxido de carbono tóxico). Haz esto durante un par de minutos. Cuando hayas logrado un buen ritmo, cierra los ojos (si no los has cerrado ya) y sigue respirando rítmicamente. Entonces, si lo deseas, y sólo después de que tu patrón respiratorio se haya regularizado, piensa en cosas que te resulten o te hayan resultado placenteras. Viajarás a un lugar de felicidad; pero el ejercicio puede salirte igual de bien sin pensar en nada.

Recuerdo que, una tarde soleada, impartí en un hospicio una clase a un grupo de gente, en la que hice una versión de este ejercicio de diez minutos de duración. Dos miembros del grupo se durmieron casi instantáneamente, y uno de ellos durmió alrededor de 20 minutos. ¡Cuando se despertó, comentó que se sentía como nuevo!

En realidad, la respiración rítmica también es muy importante en otros aspectos. Cuando estamos ansiosos, precisamos una oxigenación cerebral buena y regular para que el cerebro funcione al máximo y pueda pensar con claridad cuando más lo necesitamos. Pero todos sabemos que una de las primeras cosas que desaparece cuando estamos bajo presión es la habilidad de respirar adecuadamente; inspirar y espirar con regularidad y fluidez. Las personas muy ansiosas suelen «tragarse» el aire; las menos ansiosas es probable que respiren un poco más deprisa, pero sin darse el tiempo que deberían para sacar todo el aire de sus pulmones. Y en estado de pánico, la gente quizás empiece a preocuparse por respirar con regularidad, lo que incrementa su preocupación y empeora todavía más su respiración.

En el capítulo anterior, y en concreto en el apartado que se ocupa de las situaciones personalmente desafiantes, hemos visto que el «diálogo interno sano» y la «visualización de situaciones» son métodos que nos preparan ante los desafíos inminentes. La técnica de respiración 7/11 es otra herramienta útil para ello. Intenta imaginarte haciendo frente con éxito a aquello que te ha producido la ansiedad (pero no lo introduzcas en tus pensamientos hasta que lleves varios minutos respirando rítmicamente). Es importante que primero entres en un estado de relajación.

Este proceso de visualizarte a ti mismo enfrentándote con los problemas feliz o exitosamente, desde un estado de relajación, te permitirá manejar mejor en potencia futuros escenarios causantes de ansiedad.

Para que esta técnica funcione, es necesario que crees el «margen» que he mencionado anteriormente. ¿Y cómo hacerlo? Lo ilustraré a través de los cuatro elementos históricos de la naturaleza: el aire, la tierra, el agua y el fuego.

Elemento aire: Disfruta simplemente estando en casa
Lo primero que tienes que hacer es cambiar tu actual concepto de hogar. Cuando nos vamos de vacaciones, con frecuencia

procuramos irnos lo más lejos de nuestro entorno doméstico que el presupuesto nos permita; a menudo al extranjero. Haciendo esto corremos el riesgo de asociar nuestro entorno local, incluyendo nuestra casa y la ciudad en la que vivimos, con un lugar donde no podemos relajarnos. Actuamos como si la metafórica «bocanada de aire fresco» sólo existiera en un lugar lejano. Pero podemos aprender a «refrescarnos» en nuestro entorno más cercano, sin tratarlo como si estuviera «contaminado» o como un lugar completamente estresante donde es imposible relajarse.

Si el único sitio en el que podemos refrescar nuestra vida está a más de mil kilómetros de distancia, estaremos resignándonos únicamente a cuatro semanas de relajación auténtica al año (en caso de que nos podamos permitir ese viaje). ¿Crees que puedes bajar el ritmo lo suficiente como para disfrutar de lo que tienes alrededor?

Elemento tierra: *Tómate tu tiempo*

Este elemento nos remite a las cosas con las que más disfrutamos; aquellas que son parte natural de nosotros y que nos ayudan a relajarnos. El elemento tierra está formado por la naturaleza y el placer que de ella podemos obtener. En nuestro estado de presión normalmente no encontramos tiempo para acceder a las cosas que más disfrutamos haciendo. En este ejercicio intentaremos recuperar nuestra energía estimulando los cinco sentidos: gusto, tacto, olfato, vista y oído. El ejercicio consiste sencillamente en «fijar y poner fecha»; es decir, en decidir cuál de los sentidos queremos estimular y cuándo podemos hacerlo. (Sé que esto a lo mejor parece un poco contradictorio, porque antes he dicho que hay que intentar dejar a un lado las consideraciones temporales, pero en las primeras fases necesitamos planificar para incorporar estos estímulos naturales hasta que vuelvan a formar parte de nuestro ritmo vital natural.)

A continuación enumero algunas sugerencias para poder estimular los sentidos:

> **Gusto:** Cocinar una buena comida y comerla tranquilamente en lugar de engullirla para ir a sentarnos delante a la tele, besar a una persona que quieras.
>
> **Tacto:** El cuerpo de tu pareja, el suelo, tus hijos, telas, madera, comida.
>
> **Olfato:** Las páginas de un libro nuevo, el mar, el campo, la comida, olores que te traigan recuerdos.
>
> **Vista:** La arquitectura, los viejos amigos, algo nuevo, mirar hacia arriba y no al frente cuando vayas por la ciudad.
>
> **Oído:** El silencio verdadero, la música en directo, los pájaros.

Dejar de estimular los sentidos no es bueno para nuestro bienestar mental, porque enseguida entramos en un estado que yo llamo «sin sentido»: correr a un ritmo marcado por los demás sin desacelerar nunca para disfrutar de cuanto nos rodea. La falta de estímulos placenteros y saludables nos niega una salida al estrés y la tensión de la vida moderna. Darse tiempo para liberar la presión haciendo otras cosas desvía nuestra mente de las ansiedades presentes. Y veremos que ese tiempo nos ayuda a estar más relajados y, por tanto, mejor preparados mentalmente para hacer frente a esas ansiedades cuando volvamos a ellas.

Elemento agua: Obtener claridad
Con el tremendo estrés temporal que hay en nuestras vidas, puede ser de gran ayuda liberar parte de la tensión física y psicológica que, al parecer, acumulamos. Obtener claridad (la pureza del agua agradable y limpia) ahorra tiempo y nos refresca la mente.

Una vez me tomé tres semanas libres para desconectar del trabajo, y lo curioso fue que después percibí que había progresado mucho (incluso aunque, en realidad, no estuviese trabajando). Estaba feliz y relajado, y volví fresco y mucho más productivo; algo que la gente no puede hacer cuando está constantemente trabajando. A modo de ilustración contaré una sencilla historia, que seguro que muchas personas habrán experimentado, aunque sea sólo una o dos veces en la vida.

C A S O

La historia de Arlind (Pristina, Kosovo)

Entendí el valor de unas vacaciones hace un par de años cuando me fui con unos amigos a un pueblo. Estuvimos en casa de un matrimonio de avanzada edad que estaba encantado con su vida.

La pareja tenía una vieja casa con un precioso jardín, donde, lógicamente, pasaban la mayor parte del tiempo. Llevaban una vida sencilla, pero a nosotros nos pareció muy plena y «ocupada», aunque no siempre hacían cosas. Daba la impresión de que sabían cuándo bajar el ritmo.

No tenían televisión, tan sólo una vieja radio en la que casi siempre sonaba música. Mis amigos y yo pasamos tres noches en su casa, tres noches que nunca olvidaré. Durante el día aprendíamos diversas cosas sobre la naturaleza y disfrutábamos de las vistas y el aire fresco. Debía de ser pintoresco ver a un grupo de niños de ciudad en tan relajante entorno. Por las no-

ches nos sentábamos fuera, en el jardín, y contemplábamos el cielo mientras compartíamos nuestros pensamientos y experiencias. No estábamos rodeados de lujo, ¡pero no recuerdo haber mirado el reloj ni una sola vez!

Quizá nuestros anfitriones no sufrían ansiedad y eran felices porque no esperaban grandes cosas de la vida, aparte de disfrutar de las cosas sencillas. Nosotros, naturalmente, habíamos vivido experiencias diferentes, y nuestras expectativas también eran distintas. Durante esos tres días de descanso recargué las pilas por completo. Desconecté del mundo entero y volví renovada y llena de energía. Al menos durante un tiempo supe no estresarme por cosas que, en realidad, no son importantes. El hecho de que aún recuerde aquellos días demuestra lo mucho que me marcó una experiencia tan sencilla.

Elemento fuego: Tiempo para recuperar la energía perdida

Todos nacemos con distintas cantidades de energía. Algunos parece que prosperan con una vida llena de acción; otros son aparentemente felices y tranquilos viviendo casi como un gato perezoso. Pero pocos negarán que, sobre todo a partir de los 30 o 35 años, les gustaría tener más energía. ¿Tienes ansiedad? Buscar tiempo para actividades que fomenten la energía nos hace sentir mejor y alivia los síntomas de la ansiedad. A continuación enumero algunas de las cosas que podemos hacer para ayudar a generar energía y renovar el entusiasmo:

- El ejercicio aumenta tu resistencia física y mental. Libera el cerebro y el cuerpo de las trivialidades que los embotan.
- Dale a tu vida una inyección de variedad. Ve al trabajo por caminos diferentes; después del trabajo, reúnete con tu familia en algún sitio fuera de casa; apaga la tele y haz otra cosa; aprende a tocar un instrumento.

- La ansiedad anula nuestra capacidad de diversión casi antes que cualquier otra cosa. En los momentos de ansiedad tenemos que esforzarnos por recuperar esa alegría y energía. No pierdas aquello que puede ayudarte a salir de tu situación actual.
- Con las actividades que aumentan la energía se produce una retroalimentación. La energía nueva genera más energía.

4. No te precipites

A menudo resulta útil preguntarse qué es lo que hacemos y, sobre todo, de qué forma elegimos hacerlo. En el siguiente caso escucharemos a Marco, un conductor de furgoneta londinense que conducía a toda velocidad, como si estuviese en una carrera, hasta que se dio cuenta de que lo que hacía era una estupidez. Todo se reduce a aprender a ir un poco más despacio...

CASO

La historia de Marco: *Cuento de un repartidor*
Trabajo en Londres y conduzco una furgoneta. Soy, bueno, era el prototipo de «camionero»: volaba por los callejones, no me detenía en los pasos peatonales, cortaba a otros coches... lo típico.

Cada día recogía y repartía 30 artículos. Recuerdo que de camino al trabajo solía producirme ansiedad pensar en la jornada que tenía por delante: en lo agresivo que sería con otros conductores y ellos conmigo, en diseñar una ruta para cruzar Londres de punta a punta en 20 minutos (¡lo intenté!, pero es imposible), etcétera. Llegué a conducir como un loco para realizar el trabajo.

Un sábado tuve que hacer un reparto. Como ese día estaba al cuidado de mi hija pequeña, me la llevé conmigo en la furgoneta. Sólo debía entregar una cosa y tenía toda la mañana para hacerlo, pero aun así me puse a conducir deprisa, como si no supiese hacerlo de otra manera. Me estrellé contra la parte trasera de un BMW, que quedó destrozado. A mi hija no le pasó nada, pero me pegué un susto de muerte. ¿Y si le hubiese pasado algo? ¿Y si le hubiese pasado algo a la hija de otra persona? Uno siempre piensa que esta clase de cosas no le pasarán, ¿verdad?, pero pasan. Y todo porque no somos capaces de ir un poco más despacio.

Alguien describió mi estilo de conducción actual como «zen». Veo a otros conductores que corren por la carretera como si estuviesen en una pista de carreras, y me hacen gracia. Si pillo un atasco, me aguanto. No puedo hacer nada al respecto, así que ¿para qué ponerme nervioso? Ahora mi actitud es que «lo que no pueda hacer, no lo hago». Pero lo curioso es que acabo llegando a todo. Y he descubierto que a lo mejor tardo sólo diez minutos más al día que antes, cuando conducía como un lunático. Y creo que es un precio muy bajo, si con ello aseguro mi salud mental y la salud física de otras personas.

Siempre recuerdo una encuesta que aseguraba que la persona que recorre los 320 kilómetros de Manchester a Londres a 140 kilómetros por hora, llegará a Londres solamente 5 o 10 minutos antes que el coche que vaya a una velocidad de 110 kilómetros por hora. Antes no me lo creía, pero ahora sí. ¿Por qué tenemos tanta prisa?

El tiempo es un fenómeno relativamente nuevo. En realidad, no cobró importancia en las economías industrializadas hasta principios del siglo XIX, cuando adquirimos un enfoque más estructurado del trabajo. Enseguida pasamos de una situación donde la mayoría de la población que trabajaba para sí misma a otra en la que los jefes de empresa necesitaban organizar el trabajo. El tiempo se volvió crucial. Además, la esperanza de vida no era elevada, de modo que la gente se preocupaba de vivir y disfrutar el presente.

Sin embargo, la historia de Marco ayuda a ilustrar que el tiempo se ha convertido en una bestia dominante. Hay un viejo proverbio que dice: «Por mucho que corras no llegarás antes». Pero con el bombardeo constante de mensajes que aseguran que nunca ha habido tanto en juego, creemos que tenemos que «correr» sin parar para ir a la cabeza de la «carrera» o hacer un esprint final para «ganar», sin conformarnos simplemente con llegar a la meta; aunque, naturalmente, esta carrera no tiene meta.

Ahí van elementos clave de aprendizaje:

- Si tienes la sensación de que te falta tiempo, piensa en la cantidad de tiempo que malgastas.
- No te sientas culpable por hacer un descanso. Las enfermedades cardíacas por exceso de trabajo no tienen nada de heroico.
- Ríete de la persona que entra en una espiral de actividad improductiva; no intentes copiarla.
- Todos tenemos velocidades distintas. Elige la que se ajuste a ti, no la que otros te marquen.
- Tal como hemos visto en otro apartado del capítulo, en ocasiones es bueno no hacer nada.
- Busca tiempo para aquello que sea importante. Tu familia y tus amigos te necesitan. Y tú a ellos.

5. Disfruta sin complejos del tiempo libre

Hace un siglo la cantidad de tiempo libre disponible servía para calibrar el «éxito». Cuanto más tiempo libre se tenía, menos se trabajaba. Y si uno no trabajaba, era porque no lo necesitaba. La mayoría de la gente trabajaba sin cesar (hacían generalmente trabajos duros); algunos como mucho tenían medio sábado de fiesta y las obligadas vacaciones de Semana Santa. En Estados Unidos, en la época en que Stevie Wonder y otros reivindicaban la festividad en honor de Martin Luther King, la reticencia solía centrarse en no querer dar un día más de fiesta, y no en el hecho de celebrar o no la vida del doctor King.

En el Reino Unido, la excusa para no añadir un día festivo entre agosto y Navidad era que «la industria necesita funcionar a pleno rendimiento durante los tres meses previos a las Navidades». ¿Qué más daba que fueran 90 o 91 días? ¿Se vería beneficiada la productividad de la mano de obra con un día de descanso? Seguramente sí. En la actualidad, nos hacen sentir culpables por tener un poco de tiempo libre. Para algunos el tiempo se ha convertido en un espacio que hay que llenar de inmediato, y la prosperidad, al parecer, va acompañada de altos niveles de estrés.

Sin duda, es perfectamente plausible trabajar duro y ser próspero sin perder la perspectiva de lo que es o no importante, y de cuándo es necesario parar. Y hay que empezar por dejar de creer esa idea tan ridícula de que el «tiempo libre» es tiempo que se desperdicia; o de que nos tenemos que sentir culpables por reservar un poco de tiempo para «uno mismo». Hay que reconocer que tenemos tanto o más tiempo que a lo largo de toda la historia, pero menos tiempo «libre», porque nos obsesionamos con llenar cada segundo que pasamos despiertos. Naturalmente, esto es una versión de esa vieja máxima que reza: «El trabajo se expande hasta llenar el tiempo disponible». Al igual que Marco, el repartidor, nos hemos vuelto expertos en crear una actividad frenética sin ninguna necesidad.

Conclusión: Juzgar es fácil

Imagínate que tienes 16 años y has crecido en uno de los barrios más pobres de Londres. Tu «ídolo» es ese chico que tiene seis años más que tú, que conduce un Mercedes de última generación, que va bien vestido, tiene un séquito de admiradoras y trafica con cocaína dura. Por supuesto, tienes opciones. Puedes pensar que, dadas las circunstancias, tu futuro está claro: imitando a ese chico, en un solo año podrías ganar lo que tardarías 30 años en ganar, si eligieras el camino correcto. O puedes elegir el camino convencional; aunque, viendo las ofertas de trabajo que hay, eso probablemente implique hacer algo humilde y poco atractivo.

Es muy fácil emitir una serie de juicios morales sobre educación, falta de moralidad e influencia paterna cargados de prejuicios. ¿Cómo habrías sido de haber nacido en semejante entorno? Aunque he puesto un ejemplo extremo (y cuyo comportamiento es ilegal), creo que sirve para ilustrar que muchas personas están impacientes por alcanzar el éxito y son capaces de buscar cualquier atajo para conseguirlo. Cuando triunfamos, nos gusta hacer gala de ello. Pero el éxito es vacuo. Quizá yo sea un ingenuo, pero creo que si trabajamos con un objetivo, esforzándonos al máximo, somos pacientes y elegimos una profesión que encaje con nuestra personalidad, en el fondo seremos mucho más felices.

Ten paciencia, especialmente si quieres saborear los éxitos que coseches.

7

EL FUTURO:

¿Qué me deparará?

Seguir vivo es mucho menos divertido que estar vivo.

Fuente anónima

No ser feliz puede producir ansiedad. Pero serlo no significa que hayamos erradicado la ansiedad. De hecho, cuando algunas personas intentan superar su ansiedad a través de acciones positivas, tal vez se deleiten al ver que esa ansiedad los impulsa a emprender nuevos retos que les proporcionan la satisfacción que persiguen. Además, parte del acceso a la felicidad, especialmente en el caso de los lectores de edad madura, puede venir determinado por la superación de muchos de los obstáculos causantes de ansiedad que la vida nos pone en el camino.

De modo que, si te preguntara si eres feliz, ¿qué contestarías? Quizá más importante que la propia pregunta es el criterio que utilizas para intentar responder a ella. Hay quienes responden compartimentando sus vidas: trabajo, familia, tiempo de ocio satisfactorio, etcétera, para tratar de obtener un panorama general. Otros contestan de inmediato que no son felices y destacan un par de motivos que se lo impiden constantemente. Sin embargo, es probable que la mayoría reflexionemos un rato en la pregunta mientras sopesamos los pros y los contras de nuestras vidas. Tal vez, como dijo alguien en cierta ocasión, cuando somos realmente felices no nos damos cuenta de ello. Si nos planteamos la pregunta, es probable que no lo seamos.

El presente capítulo, el último del libro, concierne a tu futuro. Muchos escritores están de acuerdo en que tenemos muchas más ansiedades que en el pasado, y numerosos estudios indican que somos menos felices que hace, digamos, 50 años. Y esto ocurre en una época en la que la vida debería ser mucho más fácil que antes. Así pues, ¿qué puede hacernos más felices y menos agobiados por la ansiedad? No hay respuestas definitivas, sólo sugerencias bien fundadas, y en este último capítulo daré varios consejos sobre cómo puedes ser más feliz, si estás dispuesto a adquirir un compromiso a largo plazo con esa felicidad.

Para empezar volveré a remitirme a las respuestas que obtuve del «cuestionario sobre la felicidad» que envié antes de comenzar a escribir este libro, y del que ya he hablado en la página 119. No voy a comentar si estoy o no de acuerdo con los comentarios (en realidad, no se me ocurriría hacerlo). Lo que me gusta es que cada interrogado tiene una idea clara de lo que le hace feliz y de lo que cree que hace felices a los demás. El estudio que hice es pequeño, pero supongo que los comentarios no son inusuales y espero que, por lo menos a algunos lectores les sirvan de ayuda.

Viajar a países que no conozco, sea por trabajo o para estudiar, siempre ha aumentado mi grado de felicidad porque entro en contacto con gente, situaciones y oportunidades nuevas e interesantes que me aportan experiencias vitales.

Erica, Bosnia

Tengo que controlar mi propio destino en la medida de lo posible. Cuanto más control ejerzo, más feliz soy. (¡Pero que quede claro que no me gusta controlar a los demás!)

Neil, Reino Unido

Trataré de ser profundo. La felicidad es un estado mental y, asociado a la vida, es como estar subido en una montaña rusa. En todas las vidas hay momentos altos y bajos (a menos que uno sea un utópico). Para poner esto en un contexto: en Europa, por ejemplo, he visto a amigos míos muy felices porque hacía buen tiempo, con lo que podían hacer una barbacoa al aire libre o tomarse una cerveza en una terraza, o pasar sus vacaciones en alguna playa soleada.

Cuando voy a Kenia a visitar a mi familia, he visto que la verdadera felicidad es la de unos padres cuyos hijos pueden recibir una educación básica, padres que tienen comida en la mesa a diario y pueden comprar ropa nueva a sus hijos por Navidad... En resumen: los padres que pueden permitirse lo básico para que la vida familiar sea agradable son muy felices.

William, Kenia

La vida es demasiado corta para ser desdichado, y sea cual sea la situación en que uno viva, todos, como individuos, deberíamos fijarnos en que hay gente menos afortunada que nosotros por el mundo, dar las gracias y no ser desagradecidos.

Ismail, Reino Unido

Respetarse unos a otros en todos los ámbitos de la vida puede crear una reacción positiva, lo cual no solamente te hace más feliz a ti, sino también a quienes te rodean.

Wendy, Estados Unidos

Luchar por lo que creo que es correcto y justo, creer en mí misma e intentar hacer felices a las personas que quiero: todo eso me hace más feliz. También me hace feliz darme cuenta de que ninguna situación es perfecta, y de que tengo suerte de tener lo que tengo, de valorarlo y apreciarlo.

Lorna, Reino Unido

Siempre que puedo, doy pasos positivos para moldear mi vida.

Debbie, Reino Unido

Sin duda, soy más feliz cuando me siento sano y creo totalmente que entre ambas cosas hay una relación causal directa. De modo que si como bien, hago ejercicio, duermo bien, bebo menos y, en general, me cuido, normalmente me siento bastante más feliz que cuando hago lo contrario.

Sin embargo, la idea de «tomar medidas» para ser más feliz me es ajena. Sea porque me deleito en la desdicha, o más bien porque me siento incapaz de tomar dichas medidas, raras veces me preocupo de cambiar una situación que me hace infeliz.

Carlos, Reino Unido

Las personas son felices cuando se aman unas a otras, cuando quieren a los animales, cuando aprecian la naturaleza, cuando hacen lo que les gusta (deporte, leer, un trabajo que les gus-

ta o saben hacer, comprar, hablar, viajar), cuando tienen en qué creer y sueños por los que luchar (típico de la juventud).

Daniela, Italia

Nuestra sociedad está orientada al «yo», del que a menudo es muy agradable huir. Ver familias y matrimonios duraderos me hace feliz, al igual que la belleza propia de los niños. Su inocencia intacta creo que llena de alegría a la mayoría de la gente ante la belleza de la creación divina.

Nina, Reino Unido

La gente que no espera demasiado de la vida y que siempre está dispuesta a ayudar a los demás: ésa es la gente más feliz.

Lionel, Sri Lanka

¡Estar más sana, ser más rica, estar más centrada y preocuparme menos! Practicar más el deporte que me gusta cuando me apetezca (y no únicamente hacer máquinas en el gimnasio a primera hora de la mañana o tarde por la noche); amortizar considerablemente mi hipoteca (reducirla a la mitad); tener claros los objetivos de este año; concentrarme en aquello que puedo cambiar y dejar de preocuparme. ¡Aunque es más fácil decirlo que hacerlo!

Susan, Reino Unido

Leyendo esta citas da la impresión de que son muchas las personas que tienen una idea clara de lo que las hace felices y de que muy poca gente menciona el dinero, los bienes materiales y el éxito estratosférico como medios para conseguir la felicidad. Y eso es lo paradójico: que precisamente aquello que la sociedad parece transmitirnos como símbolos del estatus y el éxito no es lo que la gente cree que le hace feliz. No creo que haya respuestas definitivas a esta cuestión, pero sí creo que hay ciertos factores que, con el tiempo, nos ayudan a reconocer y acceder a eso que nos puede hacer felices. No valen para todo el mundo y en cualquier circunstancia, pero al menos algunos proporcionan una dirección útil en caso necesario. Yo diría que advirtiendo esos factores, eliminamos de nuestras vidas una serie de ansiedades innecesarias (o como mínimo aprendemos a no tomárnoslas en serio).

Más allá del campamento base

No hay ninguna duda de que necesitamos consumir y poseer en un nivel mínimo. La ausencia de lo esencial para vivir, como la comida, el agua o el cobijo adecuado, implica tal degradación de la existencia, que traspasa el campo de acción de este libro. Lo que consideramos «básico» en las economías posindustriales difiere en función del entorno. Por supuesto, los elementos «básicos» han ido cambiando en cada generación. Lo importante no es lo que tienes y posees más allá de lo necesario, sino el valor que para ti supone tenerlo.

Lo básico nos conduce al «campamento base» de la felicidad. Una vez adquirido, cualquier otra cosa que añadamos, a la mayoría de las personas es probable que no las haga considerablemente más felices. Entran en juego otros factores, sobre los que espero que el libro haya servido de orientación. Intenta evaluar si parte de tu ansiedad procede de un mala interpretación de lo que crees que te hace feliz.

Los altibajos forman parte de la vida

Muchos de los interrogados en el «cuestionario sobre la felicidad» hablan de los altibajos de la vida («ninguna situación es perfecta», «la vida es como estar subido en una montaña rusa»), y reconocen que ser realista acerca de lo que puede pasar forma parte de la esencia vital. Y no es algo de lo que debamos lamentarnos, sino una cuestión de honestidad.

Naturalmente, es ingenuo esperar que sólo porque un libro nos diga que «reconocer los altibajos es parte de la vida», vayas y te lo creas. Es un punto de vista que quizá se desarrolle con el tiempo y a través de tus propias experiencias. Pero creo que quienes piensan así, incluso aunque al principio no sea con un convencimiento absoluto, tienen más probabilidades de aceptar los momentos buenos y malos que les depare la vida. Me produce una gran tristeza tropezarme con personas de 60 o 70 años que todavía no han entendido que los altibajos forman parte de la experiencia vital, y que no es que les haya tocado una mala mano de cartas. En mi opinión, cuando se reparten las cartas, por lo menos algunas están «boca arriba». Podemos jugar con ellas o bien ignorarlas.

Tu felicidad deriva de la forma en que te relacionas con todas tus experiencias: las buenas, las malas y las regulares.

Grandes gobiernos

Históricamente, los gobiernos surgieron para crear cohesión social y prevenir la anarquía y las guerras permanentes entre facciones locales (y, me permito ser cínico, para proteger los intereses de las clases gobernantes). Durante siglos se abusó de ello; la exigencia de una agrupación para crear cohesión social y unidad con frecuencia se tradujo en guerras contra los países vecinos o subculturas diferentes (grupos religiosos, por ejemplo). Después de las dos grandes guerras mundiales del siglo XX, la gente consideró que ya se había peleado bastante y los gobiernos decidieron que su función consistía en hacer feliz a la población; se creyó que la felicidad surgía a partir de una buena sanidad, educación, servicios públicos, etcétera.

Pero, y es un gran pero, si creemos (tal como indican los estudios) que en la actualidad la gente es menos feliz y está más ansiosa que hace, digamos, 50 años, podemos concluir que los gobiernos han fracasado de forma espectacular en sus intentos. Ahora los gobiernos generan indicadores que identifican cuáles son los lugares donde mejor se vive de su país y utilizan las «escuelas y las piscinas» (educación y oportunidades de ocio) como criterios. Sin embargo, me pregunto si la gente que vive en esos lugares se siente más feliz que la que no vive allí.

Me da la impresión de que cuando intentamos mejorar nuestro mundo, incrementando nuestra felicidad o disminuyendo nuestra ansiedad, o incluso mejorando nuestra vida de cualquier otro modo, de lo único que podemos estar seguros es de nosotros mismos. Si quieres ser más feliz, probablemente debas ser *tú* quien haga que eso ocurra. Si quieres estar menos ansioso, serán *tus* acciones las que reducirán esa ansiedad. Si quieres una vida mejor, eres *tú* quien debe crear las condiciones para ello.

Ahora bien, tal vez sucedan cosas fantásticas sobre las que ejerzas poco control (la alegría infinita que sienten tus padres al convertirse en abuelos, por ejemplo). Pero no puedes confiar en acontecimientos que controlas poco o no controlas para ser feliz.

Lo que marcará la diferencia es tu vida y lo que hagas con ella. Si eres feliz como «eres», pues sé como eres. Si quieres convertirte en algo, intenta «ser ese algo». Si quieres ser alguien especial, intenta ser «alguien especial». Pero conócete a ti mismo lo suficiente para no intentar ser algo o alguien que no eres.

¿Quién marca el calendario?

Preocuparnos por lo que los demás piensan nos convierte en víctimas de lo que De Botton denomina «la débil capacidad para el juicio independiente porque damos prioridad a las opiniones de la gente influyente». En otras palabras, te juzgas a ti mismo y tu adaptabilidad al estatus en función de los valores de aquellos que no están cualificados para emitir juicios sobre tu persona y tu vida. Así que no dejes que lo hagan. Tu calendario vital deberías marcarlo tú, no los demás.

Tanto las buenas como las malas noticias

Si los temas que conciernen al planeta Tierra tienden a producirte ansiedad, procura encontrar el equilibrio. Si el siglo xx ha sido el siglo de la ideología, en el xxi es posible que bailemos al son de una música muy diferente. En la misma semana que escribí esto, al encender la radio por la mañana escuché dos temas recurrentes en las noticias. El primero hacía referencia al descenso de la cantidad de agua disponible debido a la falta de lluvia, y el segundo era el precio del petróleo. Parece que en una parte del mundo hay demasiada agua (por el deshielo de los glaciares) y en la otra no hay suficiente (a causa del calentamiento global). En cuanto al petróleo, sabemos que es una fuente de energía perecedera. Quizás éste sea el siglo del agotamiento de éstos y otros recursos. ¿Te produce ansiedad el tema? A mí sí. Y hay motivos para estar ansiosos.

Durante la misma semana, un informe periodístico menos publicitado daba muy buenas noticias sobre el medio ambiente. El agujero de la capa de ozono que hay sobre la Antártida ha parado de crecer debido a la prohibición de emisión de CFC (gases clorofluorocarbonos). Es tal nuestra obsesión con las noticias negativas que escuchar esta historia fue casi un milagro. Tenemos todo el derecho a confiar en la capacidad del ser humano para sobrevivir y prosperar como lo hemos hecho durante decenas de miles de años mediante nuestras propias acciones afirmativas. De hecho, tal vez tú seas una de esas personas cuya ansiedad por el futuro haga que te involucres activamente en mejorarlo para todos nosotros. ¡Genial! Y es un buen ejemplo del efecto positivo y estimulante que puede producir la ansiedad.

Conclusión

Mi conclusión está dividida en dos partes. En la primera sugiero cuatro afirmaciones positivas que, aplicadas a tu propia vida y a tu forma de vida actual, te ayudarán a seguir adelante y poner en práctica muchos de los mensajes de este libro.

En la segunda parte enumero diez maneras rápidas de reducir la ansiedad y aumentar el positivismo en tu pensamiento y tus acciones. Considéralo, de hecho, una versión «bonsai» del libro entero.

Primera parte: Las cuatro afirmaciones

Afirmación positiva 1

Me esforzaré por distinguir entre «tener que» y «querer».

A lo largo del libro hemos visto que, incluso cuando constriñen nuestra libertad personal, siempre nos queda el recurso de elegir la actitud. La elección va un poco más allá: ¿elijo una actitud positiva porque tengo que hacerlo o porque quiero hacerlo?

En el caso de Viktor Frankl, cuando estuvo en Dachau y en Auschwitz, «tuvo que» adoptar una actitud positiva para tener la oportunidad de sobrevivir. En la situación en que se encontraba, aquellos que no hacían esto o no podían hacerlo, simplemente no sobrevivían. En contraste con este ejemplo extremo, pondré dos ejemplos más cotidianos de situaciones que suelen producir ansiedad: el trabajo y la crianza de los hijos.

En el caso de la educación de los hijos, mucha gente sólo reconoce lo realmente difícil que es delante de contadas personas. La necesidad de tenerlos constantemente entretenidos, la falta de estímulo mental y de tiempo para reflexionar puede desestabilizar incluso al padre o la madre más responsables. En este caso, estamos en el derecho de elegir nuestra actitud por dos razones de peso: porque queremos y porque debemos. «Tener que» es una decisión racional de la cabeza; «querer» es más probable que sea una decisión emocional del corazón.

Para mucha gente, sin embargo, el trabajo es diferente. La mayoría de las personas intentan elegir una actitud positiva porque *tienen que hacerlo*, incluso aunque sólo digan: «sobreviviré a este día». Si no pensaran eso siquiera, quienes no disfrutan con su trabajo acabarían encontrándolo insoportable.

La gente que entra en la categoría de «tener que» basa la elección de su actitud en la razón: una decisión de la cabeza. Los que entran en la categoría de «querer» lo hacen por razones emocionales: ir al trabajo eligiendo una actitud positiva para, además, intentar disfrutarlo. Hacer algo porque tienes que hacerlo es lo que te impulsa a cosas semejantes como trabajar y criar a tus hijos, que quizá no ocurrirían de forma natural. Elegir hacer algo porque quieres añade un matiz emocional, y te comprometes también con el corazón. Así que la pregunta es: ¿puedes encontrar razones de peso para elegir una actitud positiva que te lleve a «querer» hacer algo? La experiencia resultante será mucho más valiosa.

Hacer una presentación porque tienes que hacerla es una cosa. Pero adoptar una actitud mental que te lleve a querer hacerla (aunque sea algo que siempre te ha producido ansiedad) puede ayudarte a desear las mismas circunstancias que previamente eran fuente de ansiedad para ti. Sea que hagas algo bien porque tengas que hacerlo o porque quieras, el beneficio está en hacer una elección significativa. Para el lector ansioso, elegir no hacer nada implica que no pasará nada. O que las cosas empeorarán.

Afirmación positiva 2

Intentaré tomar tanto «decisiones importantes»
como hacer «elecciones rápidas».

Hay dos caminos concurrentes que podemos tomar y que nos permitirán ejercitar nuestra capacidad personal para elegir lo que hacemos. Al primero lo llamaremos «decisiones importantes». Coger este camino significa que decidimos qué tipo de enfoque nos hace felices en relación con nuestro mundo. Las decisiones quizá tengan que ver, por ejemplo, con nuestro comportamiento con los demás (empatía, compasión, bondad, etcétera). Igualmente, pueden estar relacionadas con nosotros mismos, exigiéndonos honestidad acerca de nuestra contribución y de lo que hacemos bien. Se trata de elecciones sobre el comportamiento y son importantes, porque, cuando una conducta no sale de forma natural, tardará un tiempo en formar parte de nosotros. No obstante, vale la pena invertir ese tiempo. Puede haber otras «decisiones importantes» como cambiar de trabajo, cambiar de lugar (tal vez irse a vivir a otro país) o dejar una relación dañina. Son cosas que afectan fundamentalmente a nuestras vidas y, si la causa de nuestra ansiedad es importante, la decisión que tomemos ha de ser importante.

Es preciso admitir que muchas de las cosas importantes que nos pasan, nos pasan como consecuencia de las elecciones que hemos hecho (nuestro trabajo, el lugar donde vivimos, y demás). Nunca perdemos el poder de elegir, lo único que perdemos es la motivación. En cuanto dejamos de hacer elecciones o nos detenemos a pensar en los resultados de éstas, perdemos el control de nuestra situación.

Si te cuesta entender esta idea o intuyes el desgarro que una elección difícil podría acarrear, pregúntate cómo te perjudicaría a ti, a tu familia y a tus amigos pasarte la vida en un mundo que no encaja con tus valores personales.

El segundo camino podría llamarse «elecciones rápidas». Son decisiones rápidas y fáciles de tomar: «¿necesito comprarme un móvil más moderno?»; «¿necesito un todoterreno para ir por la ciudad?»; «¿necesito ese electrodoméstico nuevo, que probablemente nunca usaré?» Finalizada la cuestión de lo que necesitamos (al fin y al cabo, no hay nada de malo en tener estas cosas, si realmente se necesitan), la pregunta es la siguiente: «¿tener estas cosas me hará más feliz?»

Hacer «elecciones rápidas» puede ser valioso, porque nos permite realizar pequeños ajustes en función de las circunstancias; incluso aunque se trate meramente de replantearnos ciertas acciones «sobre la marcha». Claro que si sólo hacemos «elecciones rápidas», el peligro está en que sólo hagamos pequeños ajustes en nuestras vidas, aunque haya que tomar decisiones importantes. Las «elecciones rápidas» ayudan (y quizá sea lo único que necesitemos), pero las «decisiones importantes» que tomemos son las que determinarán el nivel de felicidad de nuestras vidas.

Afirmación positiva 3

Elegiré actuar.

En el primer capítulo hemos visto que no es inusual que la persona ansiosa piense que no puede afrontar las situaciones. Podemos adoptar una actitud mental que diga que no tenemos los recursos psicológicos para hacer frente a aquello que nos produce ansiedad, o que, como afirma Viktor Frankl, «nuestras habilidades son insuficientes para afrontar nuestras obligaciones». Pero la elección es sencilla: debemos admitir que el cambio no ocurrirá, a menos que invirtamos la energía suficiente para que así sea. El ímpetu para superar los efectos potencialmente dañinos de la ansiedad surge de nuestra voluntad y nuestra convicción para superarlos.

Sin duda, nunca deberíamos dejar pasar la oportunidad de buscar la ayuda y el asesoramiento de otras personas que están en posición de ayudarnos. Pero esas personas no podrán ayudarnos mucho, a menos que también seamos capaces de ayudarnos a nosotros mismos y de dar un paso, por pequeño que sea, en la dirección correcta. No podemos retomar la dirección correcta si no queremos movernos. El obstáculo para ello es que, en ocasiones, subestimamos nuestra capacidad para superar las causas y los síntomas de la ansiedad. Pero, tal como hemos visto en el primer capítulo, «¿Quién soy?», tenemos unas capacidades extraordinarias de las que no somos conscientes.

Afirmación positiva 4

> *Iré un paso por delante de mi ansiedad.*

Las personas que mejor hacen frente a la ansiedad son aquellas capaces de establecer una separación entre ellas mismas y sus ansiedades, para luego contemplarlas y afrontarlas como si perteneciesen a otra persona. Espero que después de leer este libro, puedas visualizarte a ti mismo «haciendo footing paralelamente a tu ansiedad», como si tu yo ansioso fuese tu compañero de footing, pero, naturalmente, tú estuvieras un pequeño paso por delante de él.

No deberías pretender eliminar tu ansiedad: del mismo modo que, cuando haces footing con alguien más, a menudo rindes un poco más, que la ansiedad sea tu compañero de footing metafórico puede agudizar tus reacciones. Lo importante es que vayas a una velocidad que te resulte cómoda, y que tu ansiedad no vaya tan deprisa que te sientas incapaz de frenarla.

Segunda parte: Diez maneras rápidas de reducir la ansiedad y aumentar el positivismo

Si, como yo, sueles leer primero el final de un libro para saber cómo acaba, te adelanto que el final de este libro lo escribirás tú mismo. Puede ser un final feliz; dependerá de tu enfoque positivo y tu predisposición a incorporar las siete «c» de la introducción; y, sobre todo, de ejercitar la «elección» y de ejercer «control». Para ayudarte en tu camino he reproducido aquí una versión de una lista que escribí hace unos cuantos años para un folleto sobre el pensamiento positivo. Yo también la utilizo y espero que te sea útil como punto de referencia inmediato cuando necesites un «empujoncito» para ir en la dirección correcta.

1. Pregunta si el elefante sigue en tu habitación

Algunas personas tienen ansiedades casi paralizadoras que no parecen disiparse nunca. Y no lo hacen, porque no las afrontan. Los problemas económicos, el trabajo inadecuado, las relaciones deficientes... son ansiedades que seguiremos sufriendo a no ser que vayamos directamente a sus causas. No ignores lo que hoy tal vez te incomode y que mañana podría ser peor. Como en el caso del elefante (que sabemos que está ahí y que todo el mundo ignora), no te desentiendas de tu ansiedad.

2. Siempre puedes elegir tu actitud

No siempre puedes elegir las circunstancias, pero sí la actitud que adoptas al respecto. En realidad, el primer paso para manejar la ansiedad es elegir hacerle frente. Parece obvio, pero que sea obvio no siempre implica que actuemos.

3. Cuida tanto de tu cuerpo como de tu mente

Este libro gira en torno al pensamiento. Pero cuanto más sano esté el cuerpo, más sana estará la mente. Cuídate tanto física como mentalmente.

4. Busca la alegría y el entretenimiento

Cuando estamos ansiosos no dudamos en prescindir de las cosas que pueden apartarnos de los cuadros de ansiedad; nos olvidamos de que el placer puede ser terapéutico. Cuando estamos ansiosos, quizá nos cueste pasárnoslo bien, así que a veces debemos realmente obligarnos a salir por ahí y pasar un buen rato.

5. Recuérdate a ti mismo que eres fuerte

No te centres en tus posibles errores. Haz hincapié en las cosas que te hacen fuerte. Recuerda los «puntos fuertes característicos» del primer capítulo.

6. Visualízate obteniendo el resultado que persigues

Marcarse un objetivo positivo en el futuro inmediato te ayuda a acercarte más a él. Si estás ansioso, puede costarte incluso ver que hay una salida y tal vez tengas que esforzarte en ello. En cuanto visualices ese objetivo pregúntate de qué manera puedes llegar a él.

7. Extiende la mirada a otros mundos

El ensimismamiento puede ser paralizador. Procura no pensar tanto en ti mismo. Mantén tus amistades, tus actividades de ocio y aquello que te conecta con el mundo exterior.

8. Ten presentes tus logros

A menudo subestimamos lo que hemos hecho. Cuando estamos ansiosos es posible que dejemos de creer en nosotros mismos. Toma nota de tus logros; siempre hay muchos. Y habrá muchos más.

9. No olvides todo lo que puedes hacer

Citaré una frase de la película «American Beauty»:

«Es maravilloso cuando te das cuentas de que sigues teniendo la capacidad de sorprenderte a ti mismo. Hace que te preguntes qué más puedes hacer».

10. Recuerda que nunca es tarde para empezar

Tu futuro está a tan sólo un segundo de distancia. ¿Cuál es el paso positivo más pequeño que puedes dar ahora mismo para hacer frente a aquello que te produce ansiedad? Cuando hayas decidido cuál es ese paso, dalo.

Y para concluir, ahora que has acabado el libro, quizá tengas la tentación (eso espero) de decir que la lectura ha valido la pena. Pero ha llegado el momento de pasar de la teoría a la práctica. ¿Qué tal si escribes en un papel las tres cosas que se te han quedado más grabadas? Preferiblemente, que sean tres cosas que tengan que ver con acciones que podrías ejecutar como resultado de la lectura de este libro. Escríbelas en una postal, pon tu dirección, dásela a un amigo y pídele que te la envíe dentro de un mes. Es una forma magnífica de recordarte a ti mismo que esas palabras significan algo sólo cuando se convierten en acción. Así que cuando recibas la postal recordándotelas, pregúntate si has tomado ya alguna medida.

Bibliografía

Para escribir el libro he recurrido al siguiente material:

LIBROS

Albrecht, Karl, *Stress and the Manager*, Touchstone, 2002.

Bauman, Zygmunt, *Liquid Life*, Polity Books, 2003. [Hay trad. cast.: *Vida líquida*, Paidós Ibérica, Barcelona, 2006.]

Brown, Mark, *The Dinosaur Strain*, ICE Books, 1993.

Bryson, Bill, *A Short History of Nearly Everything*, Doubleday, 2003. [Hay trad. cast.: *Una breve historia de casi todo*, RBA Libros, Barcelona, 2005.]

Butler, Gillian, *Overcoming Social Anxiety and Shyness*, Robinson Publishing, 1999.

Claxton, Guy, *Hare Brain, Tortoise Mind*, Fourth Estate, 1998. [Hay trad. cast.: *Cerebro de liebre, mente de tortuga*, Ediciones Urano, Barcelona, 1999.]

Coupland, Douglas, *JPod*, Bloomsbury, 2006. [Hay trad. cast.: *jPod*, El Aleph Editores, Barcelona, 2006.]

Dalai Lama, El, con Howard C. Cutler, *The Art of Happiness at Work*, Hodder Mobius, 2005. [Hay trad. cast.: *El arte de la felicidad en el trabajo*, Puzzle Editorial, Barcelona, 2006.]

De Bono, Edward, *De Bono´s Thinking Course*, BBC Books, 1994.

De Botton, Alain, *Status Anxiety*, Penguin Books, 2004.

De Graaf, y otros, *Affluenza: The All-consuming Epidemic*, Berrett-Koehler, 2001.

Frankl, Viktor, *Ein Psychologe erlebt das Konzentrationslager* [Un psicólogo deportado da su testimonio], 1946; trad. inglesa: *Man's Search For Meaning*, Washington Press, 1985; trad. cast.: *El hombre en busca de sentido*, Editorial Herder, Barcelona, 1984/2007.

—, *Ärztliche Seelsorge* [Cura de almas médica], 1979; trad. inglesa: *The Doctor and the Soul*, Souvenir Press, 1969.

Galbraith, J. K., *The Culture of Contentment*, Houghton Mifflin, 1993. [Hay trad. cast.: *La cultura de la satisfacción*, Editorial Ariel, Barcelona, 1992.]

Goleman, Daniel, *Destructive Emotions*, Bloomsbury, 2000. [Hay trad. cast.: *Emociones destructivas*, Editorial Kairós, Barcelona, 2003.]

—, *Emotional Intelligence*, Bloomsbury, 1996. [Hay trad. cast.: *Inteligencia emocional*, Editorial Kairós, Barcelona, 1996/2006.]

Handy, Charles, *The Elephant and the Flea*, Hutchinson, 2001. [Hay trad. cast.: *El elefante y la pulga*, Ediciones Apóstrofe, Madrid, 2002.]

—, *Understanding Organizations*, Penguin, 1993.

Kane, Pat, *The Play Ethic*, Macmillan, 2004.

Laing, R. D., *The Mystification of Experience*, Penguin, 1967.

Lucas, Bill y Dr. Stephen Briers, *Happy Families*, BBC Active, 2006.

Miller, Douglas, *Make Your Own Good Fortune*, BBC Active, 2006.

—, *Positive Thinking, Positive Action*, BBC Active, 2005.

Seligman, Martin, *Authentic Happiness*, Nicholas Brealey, 2003. [Hay trad. cast.: *La auténtica felicidad*, Ediciones B, Barcelona, 2005.]

—, *Learned Optimism: How to Change Your Mind and Your Life*, Vintage Books, 2006.

Warren, Eve y Caroline Toll, *The Stress Workbook*, Nicholas Brealey, 1997.

ARTÍCULOS

«Getting Inside Your Head», revista *Time*, 14 de noviembre de 2005.

«Modern Lover», *The Guardian*, 12 de noviembre de 2005.

Artículo de Robert Elms, revista *GQ*, julio de 2005.

«The Age of Rage», *The Sunday Times*, 16 de julio de 2006.

«Healthwatch», revista *Private Eye*, citando al *Daily Mail*, 18 de agosto de 2006.

«Work until you drop: How the Long-hours Culture is Killing Us», *Guardian Online*, 20 de agosto de 2005.

TELEVISIÓN

Why are we so miserable?, BBC Four, retransmitido el 15 de noviembre de 2005.

PÁGINAS WEB

• Los lectores que deseen realizar el cuestionario «Signature Strengths» [Puntos fuertes característicos] lo pueden encontrar en www.authentichappiness.org

• En el capítulo que habla sobre el trabajo, la información relativa al correo electrónico como fuente de estrés la obtuve del siguiente *link* de la BBC: http://news.bbc.co.uk/2/hi/uk news /654956.stm

HISTORIAS, ANÉCDOTAS Y EJERCICIOS

- La historia de las estrellas de mar (véase la pág. 58) la oí por primera vez de boca del futurólogo Joel Barker, aunque supongo que debió de surgir en algún otro sitio.
- El ejercicio de los «Planetas calientes» (véase la pág. 37) está basado en el trabajo original del profesor Mark Brown y, con su permiso, lo he reproducido y adaptado en el libro.
- Me gustaría agradecer la información que me proporcionó Chris Carling para el primer capítulo. Chris envía un boletín de noticias mensual, que puede solicitarse a través de su página Web www.chriscoach.com
- La primera definición de firmeza con la que me topé (véase la pág. 193) fue en un programa corporativo de capacitación, *Say What You Want,* producido por Melrose Film Productions y actualmente distribuido por Video Arts Ltd. Creo que la definición está basada en el trabajo original de Kate y Ken Back, expertos en el tema.
- La idea de contemplar el valor de la exploración como instrumento para el entendimiento la extraje del fabuloso libro de Bill Bryson, *Una breve historia de casi todo.* Si tienes la sensación de que has perdido la capacidad de perspectiva, no hay nada como este libro para restaurar el «equilibrio».
- La idea de venderse a uno mismo en eBay la saqué de *jPod,* el libro de Douglas Coupland.

Agradecimientos

Deseo dar las gracias a todos aquellos que han aportado sus historias personales a este libro. Las historias personales son un rasgo presente en todo lo que escribo, y reconozco que esta vez he recurrido más a la gente que en mis anteriores libros sobre el pensamiento positivo y la detección de oportunidades. Les agradezco que hayan dado tanto de sí mismos. En determinados casos, y por petición expresa, he cambiado los nombres de los protagonistas de las «historias».

Mis conocimientos en la materia crecieron exponencialmente cuando el Departamento de Vivienda del Ayuntamiento de Birmingham me invitó a impartir más de 50 talleres que trataran el estrés laboral y el pensamiento positivo del trabajo; que, de forma inevitable, se extendió hasta cubrir las «ansiedades vitales». Les doy las gracias a Peb Thomas, Graham Smith y Julie Hickman, Paul Wright y Hayley Deen de Wright Solutions, y los aproximadamente 600 empleados del Departamento de Vivienda que conocí, por darme la oportunidad de hacer el trabajo más gratificante que he hecho en toda mi vida en un ambiente de aprendizaje. ¡Creo que aprendí tanto, si no más, como las personas que asistieron a los talleres!

Asimismo, quiero dar las gracias a las más o menos 50 personas que rellenaron el breve cuestionario sobre la «felicidad» que les hice llegar, y a aquellos que me han permitido utilizar algunas de sus respuestas en forma de cita. Le doy las gracias a Daniela Tarizzo, de Voluntarios de Naciones Unidas en Bonn, por haberse ofrecido a hacer circular el cuestionario por todo el mundo y ayudarme a dar una perspectiva global a los capítulos que hablan de la felicidad y las relaciones.

Doy las gracias a Emma Shackleton de BBC Active. Los lectores podrán decidir si los tres libros que ya he escrito para BBC Active les parecen buenos y valiosos, pero le estoy agradecido a Emma por darme la oportunidad de hacer aquello con lo que llevo soñando desde los 10 años. Josie Frame ha editado el libro y ha realizado una fantástica labor corrigiendo los errores, mi pobre inglés y mis observaciones imprecisas, lo que le agradezco de todo corazón. Sin duda, cualquier error que haya permanecido es culpa mía. Gracias también a Jeanette Payne por cuidar del manuscrito desde el principio hasta su publicación.

Sobre el autor

Douglas Miller es psicólogo, escritor, e imparte talleres especializados en el pensamiento positivo, la motivación, la ansiedad y el estrés, la creatividad y el liderazgo. Vive entre Londres y Montpellier, Francia. Su trabajo lo lleva por toda Europa (incluso Kosovo, Georgia y Macedonia) para colaborar con organizaciones internacionales como Naciones Unidas y la Organización para la Seguridad y la Cooperación Europea (OSCE), así como muchas organizaciones privadas y públicas del Reino Unido. Los lectores pueden ponerse en contacto con él en doug@dougmiller.demon.co.uk

Otros libros del autor:

Positive Thinking, Positive Action
Make Your Own Good Fortune